気学の真髄

聖法氣學會 編

会長
松田 統聖先生

【松田統聖先生 略歴】

聖法氣學會初代副会長・松田光象（和子）氏の長男として生まれる。東京教育大学・大学院哲学科博士課程（西洋哲学・中国哲学・朝鮮哲学を専攻）筑波大学哲学思想学系専任講師（中国哲学）。

韓国精神文化研究院に招請され、韓国・ソウル市にて易学、太極論の研究を深める。その後、運命学に専念するため筑波大学を退官。三枝大定師・宮田武明師の流れを汲む。現在、正統気学の確立者として講義・鑑定を指導。

聖法氣學會会長（現職）

著書に「九星の秘密」（東洋書院刊）「気学の力」（東洋書院刊）「運命の見方」「家相の見方」など多数

写真で辿る 聖法氣學會の歩み

創立者（初代会長）
宮田 武明先生

第二代 会長
富澤 弘象先生

会 長
松田 統聖

相談役
小松 聖承

副会長
松田 光象

顧問
村松 永聖

常任幹事
伊藤 聖優雨

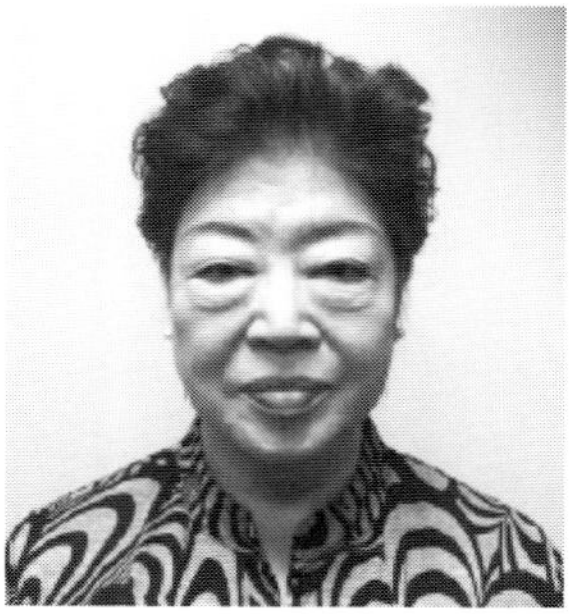

常任幹事
中村 笙聖

常任幹事
松島 朋聖

幹事
作道 秀樹

幹事
宗田 泰治

幹事
辻村 留由洸

幹事
岩田 智恭

講義される
松田 統聖先生

セミナー風景

御神砂とり　山梨　浅間神社

新年会パーティー

記念すべき昭和35年1月15日発行「聖法」第1号

(1)　昭和35年1月15日発行　第1号

聖法

聖法気学会発行

賀春

昭和庚子元旦

聖法気学会

日本橋会員
神田会員
千住会員
三の輪会員
葛飾会員
鳥山会員
尾久会員
上野会員

主幹　宮田武明
荒川区尾久町六ノ五九
電話（八〇二）〇八五七番

昭和三十五年方位吉凶解説

昭和三十五年は庚子四緑木星中宮の歳である。

昭和三十五年二月四日より、同三十六年二月三日まで一年間は昭和三十五年度の年盤により方位の吉凶はこれに依って定めるのである。

五黄殺、暗剣殺、歳破等の大凶方は、自己の生れ年月の如何を問わず、万人の大凶方であるため決して用いてはならぬ。又その他各自の生れ年月の命星に依り自ら生ずる本命殺及び的殺の大凶方も注意すべきである。各月の月盤上に於ける月破、五黄殺、暗剣殺、本命殺、的殺それに加えて小児のみに適應される小月建方（小児殺）等の凶方はこれに次ぐ凶方であるから併せて注意する必要がある。以上の大凶方位の外には各自の本命星に依り異なる相対の死気、殺気の凶方があるから善殺に用いてはならぬ。

歳徳方吉方

歳徳とは天の徳にして、地上の万生物の生成機能を行い、我々人類の精神を産み、此の精神活動の方向を指命する宇宙の大霊である。此の徳は又人類文化の進展に一大貢献を為す使命を有するものである。本年は庚の方がこの歳徳となる故に、庚の方に廻宮する九星に対し吉方であるが、これを用いてはじめてその恩徳に浴し、意義を生じ自ら良智良策を授かり、その先見の明を得て其人独特の思想を発揮し、世に用いらるるものである。歳徳は単独には吉凶に関係なく唯に特別な作用と云うべきであるので、若し本年庚の方の廻宮の九星との関係に於て凶方となる人がこれを用いれば却って逆効果となり、大なる災害を招く事になるので誤りなき様されたい。

大歳方吉方

本年は子歳なるが故に、此の一ケ年は子が旺盛な作用を持つので、これを大歳と称する即ち北方がこれである。十二支関係に於ての作用である為め、大歳とは万物の成育、建設の消長を司るので、人の健康と物質的方面に影響を齎し

平成28年12月　第240号　現在の聖法

(1)　平成28年12月号　第240号

聖法

聖法氣學會発行

今月の言葉

冬至に一番近い甲子一白水星の日

十二月は初日の七日からいきなり六十干支のいちばん最後（癸亥一白水星の日）と最初の日（甲子一白水星の日）が続きます。ということは、ここで陰遁期から陽遁期への交代が行われます。この交代日は「冬至」にいちばん近い甲子一白の日という決まり事がありますから、冬至の日を暦で確認すると十二月二十一日です。その日の周辺で甲子一白の日を探してみると十二月八日が間違いなく「冬至にいちばん近い甲子一白の日」でした。冬至は太陽が最も低く、昼間が最も短く、最も弱い太陽ですが、陰極まれば陽兆すで、冬至の時、最も弱い太陽は冬至から後は次第に昼間が長くなり光と熱を増してきます。冬至は陽がきざす一陽来復の日として未来への希望をつなぐ日でもありました。農耕生活には太陽の光と熱は絶対的に必要なものであり、明るい暖かい春の太陽は人々にとってもあこがれでした。いわんや、現代に生きる私達にとっても太陽はまさに天、これより上のものはなく、敬意をもって仰ぎ見る大切な存在です。

平成二十八年年盤
丙申二黒土星年

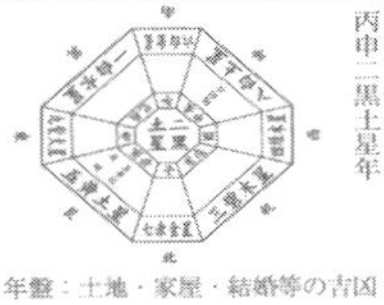

十二月月盤（旧十一月節）
庚子一白水星
（12／7〜1／4）

◇大雪節（12／7〜12／20）
◇冬至節（12／21〜1／4）

月盤：病院・社員採用・旅行等の吉凶　年盤：土地・家屋・結婚等の吉凶

◇平成２８年は北東（五黄殺、歳破）・南西（暗剣殺）の為、この方位の御神砂とりはできません。

12月の九星別吉凶方位一覧表（12/7〜1/4）　＊御神砂とり最良日時は３面ご覧ください

◎：大吉方　○：吉方　△：平　▲：小凶　◉：凶方　●：大凶方

	北東	東	東南	南	南西	西	西北	北
一白水星	△	▲	○	●	△	○	○	●
二黒土星	◉	○	◎	●	△	▲	◎	●
三碧木星	△	▲	○	●	◉	▲	○	●
四緑木星	◉	◉	◎	●	◉	△	◎	●
五黄土星	◉	○	◎	●	△	▲	◎	●
六白金星	◉	○	◎	●	△	▲	◎	●
七赤金星	◉	○	◎	●	◉	▲	◎	●
八白土星	◉	▲	◎	●	△	▲	◎	●
九紫火星	△	△	◎	●	◉	△	◎	●

平成29年度新年会　於；明治記念館

はじめの言葉

聖法氣學會は、宮田武明先生が昭和三十年に創立して以来、昨年で創立六十周年を迎えることができました。思えば、昭和三十年、終戦後十年にして、宮田武明先生が聖法氣學會を立ち上げ、気学の普及と鑑定活動、そして、御神砂とりの催行を始めたのでした。その後五年を経まして、機関誌『聖法』を創刊し、聖法氣學會の存在を広く知らしめるとともに、本格的な気学の活動に入りました。

ご承知のとおり、気学の源流は、奈良時代以前にさかのぼることができ、九星術、あるいは方鑑術、家相などとして、江戸時代をへて明治に至りました。その後、大正期に園田真次郎氏が登場して、これら諸説を整理、深化させて、新たに「気学」と命名したのであります。ここから、気学は大正期に全盛をきわめ、園田真次郎氏は現代気学の確立者としての地位を確立したのです。当会の創始者である宮田武明先生は、その流れを汲む三枝邦規先生に師事し、終戦の混乱が漸く収まった昭和三十年に荒川区尾久にて、聖法氣學會を立ち上げたのでした。その後、当会は気学教室の開設、機関誌『聖法』の発行、御神砂とりなどを六十年間にわたって展開し、今日に至っております。これもひとえに会員皆様のご支援の賜物と感謝致しております。このたび、聖法氣學會の創立六十周年を記念し、あわせて、今年、松田統聖先生が古希をお迎えになられるのをお祝いして、『気学の真髄』（松田統聖著）を聖法氣學會編として、東洋書院から出版することとなりました。第Ⅰ部では、気学界の将来的な知的財産ともいうべき書き下ろしの論文をご寄稿頂き、第Ⅱ部では、事業部から皆様方に会の沿革と現況をご案内する構成となっております。

どうぞ、この『気学の真髄』を手がかりとして、気学の極意を味わっていただき、あわせて当会の歴史と現況を皆様にご案内できればと願っております。

平成二十九年二月吉日

聖法氣學會　創立六十周年事業部　伊藤　聖優雨

―目　次―

第Ⅱ部　聖法氣學會の現況

第Ⅰ部　会長・古希記念論文集

第一章　気学の真髄

―五黄土星と五黄殺―

松田 統聖

1

はじめにお話ししておきたいことがあります。この論文は、五黄土星の正しい理解と大凶方である五黄殺の重要性を明確にすることを目的としており、五黄殺の凶意を軽く見ることを論じているものではありません。五黄殺の重要性、それが軽視できない凶方であることは、従来の気学と全くかかわりません。また、あわせて、五黄土星という星（気）を、「五黄」という言葉のイメージから、むやみに恐れることは、気学の本来の正しい理解をゆがめてしまいます。しかし、通説があまりにも浸透しているため、この論説の趣旨を間違えて理解された場合に、かえって不要な誤解を生むのではないかということを危ぶみ、発表については長らく適切な機会を待っておりました。今回、古希を迎え、私にとって一つの区切りとして、気学の根本の星である五黄土星を徹底して解釈し、これを『気学の真髄』として発表することに致しました。従いまして、この論文は、少なくとも、気学の基礎的知識をマスターした皆さんを前提にしております。長文で難解な部分も多いため、どうか、丁寧に読んで頂き、論旨を正しく理解して下さることを希望致します。

さて、気学は、私たちの気質の特徴を把握したり、移転方位の吉凶、家相、運気の九年周期リズムなど、生き方の方向性を示してくれる運命学です。使い勝手がよく、そのため古くから世間にポピュラーとなってきたために、手垢にまみれ、土台が腐食しているという気がしてなりません。また、時流に乗ろうと、無定見にも、由来が全く関係ない風水と気学を結びつけて「風水気学」などと名付け、安易な書籍まで次々と出版されております。現在、気学の啓蒙書を通じて名前が知られている方々は、自分の気学の正統性の根拠として、園田真次郎氏（一八七六～一九六一年 以下、園田氏と略す）の孫弟子を名乗る方々が多いことはご承知のとおりです。気学に関わっている方ならば、園田氏が現代気学の確立者であるということに異論はないと思います。しかし、園田氏が物故されてから、すでに五十年以上を経ていますが、この間、気学の啓蒙書、入門書は数多くあっても、園田氏のように、気学とは何か?、あるいは、そもそも気学でいう「気」とは何か?を正面から論じた研究書は、寡聞にして、ひとつもありません。入門書、啓蒙書の類いは、気学の流布には功績があっても、気学の真骨頂を理解し、気学の本質を守り後世に伝えることはできません。その最も大きな理由は、現状の気学の書籍では、五黄土星の作用と象意の区分、さらに五黄土星と五黄殺との違いが曖昧だ、ということです。とくに、五黄殺は大凶方ですから、五黄土星とそれに基づく五黄殺との区分は、非常に重要なテーマと言っても過言ではありません。なお園田氏の気学について正面から論じた論説は、本稿がはじめてであると思います。

園田氏以降の、どの気学の書籍を開いてみても、五黄土星の象意として書かれているのは、基本的には、腐敗、土化、暴欲、古い、盗賊などをあげ、具体的には、殺害、残虐、殺意、強欲、廃棄物、絶望、失職、破産、心中、毒殺、万物の死、塵埃、再発、そのほか、大波乱、大災害、大変化、殺人、死体、腐敗、汚物などが、人間面では強盗、凶悪人、高利貸し、皇帝、頭領などというのがほとんどです。さらに、気質面では、自己中心、粘り強い、気短さと忍耐力の両面をもつ、負けん気が強く、目上と衝突する、どん底から這い上がって出世する力量がある、実業家肌などとあります。しかし、まず、押さえておかなければならないことは、「作用とは、気の働き」であり「象意とは作用の結果」というように、区別することが必要です。

事実、園田氏は、「天地間に其の精神があるから、萬物が腐敗するもの、腐敗して行く品物其の物を指して、五黄土星の本体と見てはいけない。腐敗せし諸物は、五黄と云う気に支配せられて腐敗するものであるから、腐敗物を直接の五黄としてはならぬ。」『方象講義録　五黄土星』（19頁）と述べて、五黄殺と五黄土星との作用と象意を区分して考えていることがわかります。この指摘は誠に正しく、とくに五黄土星を解釈する場合には、気の作用と、作用した結果である象意（現象）とを区分して論ずることが必要です。

これに従えば、五黄土星は「土は物を腐敗させる」という作用をもち、土は物を腐敗させ、ついにはそれを液化し、吸収してしまう作用から、腐敗物、汚物、死体という現象が五黄土星の象意であるとされています。但し、土が物を腐敗させる、というのは、二黒土星も土星ですから、五黄土星だけの作用ではありません。例えば、五黄土星が後天定位盤の中央に位置しているところから、リーダー、権力を持つ人として、皇帝、頭領という象意があるのはわかりますが、リーダー、権力者は、決して腐敗作用の結果ではありません。しかも、「どん底から這い上がって出世する力量がある」という気質が、ここで紹介した多くの五黄土星の教科書的象意からどのように導きだされるのか、どのように結びつくのかが理解ができません。つまり、所謂「大統領」「タフ」などという気質と、極悪人、強盗、高利貸しなどの象意との関係がよくわかりません。

また、園田氏以降、唯一、五黄土星の本質について近づいたものとして、神宮館教学部長 観象学人氏の著「気学の神秘」では、「この星は九星定盤の中央に定座する、いわば九星の中心をなす強力な星であります。したがって易象八卦以外の説明を要する星としてあつかいます。すなわち他の八星を支配する強力な「王」の星というべきで、万物を生成育成するのも、壊乱、破壊の威力を発揮するものも、この星であります。普通は最も強運な星とみなします。」(61頁)と述べています。とくに、壊乱、破壊という大凶作用とともに「万物を生成する作用」「強運な星」と指摘しているところは、かなり五黄土星の本質に迫っており、大いに評価します。但し、惜しいのは、八星以外であるから、「易象八卦以外の説明が要する」としか指摘しておらず、では、気学の立場から、つまり、「気の視点から」五黄土星は何か、という説明が全くないことです。また、象意には、やはり、全滅、汚物、殺傷などすべて忌み嫌う象意で占められています。また、解釈例として「昭和三十九年度は九紫中宮の年で北方位に五黄殺が回座しています。」同(168頁)という言葉をみると、「五黄土星が北方位に回座している」とするべきところを、「五黄殺が回座しています」というに至っては、五黄土星と五黄殺とを混同している証左であり、こうみると、果たしてどこまで五黄土星を正しく理解していたのかが疑われます。

このように、大半の気学では、五黄土星の象意も作用も、主に、負(マイナス)の面だけが、取り上げられていて、プラスの面についてはほとんどふれられていない点、とくに、五黄土星を負の作用に限ってしまうと「どん底から這い上がって出世する力量がある」とか、負の象意だけ羅列しているのに、「強運の星」というのがわかりません。まず、この点に大きな疑問を感じるのです。

2

そもそも五黄土星の作用や象意を凶意にかたよってとらえるということは、歴史的にかなり以前から、長くそのように扱われてきたのではないでしょうか？というのも、これほど「極悪現象」が強調されている理由は、五黄土星が特殊な星であること、そのため正しい解釈が確立できていないところに原因があるのではないか、と思われるのです。即ち、五黄土星の気が、大災害、極悪人、強盗などの象意をもっているのなら、五黄土星を本命星とする人は、あえて言えば、強盗や殺人を犯しやすい気質の人、泥棒になりやすい気質の人ということになるはずですが、言うまでもなく、そういう解釈は見当たりません。しかも、この五黄土星について、正面から論じたのは、園田氏が初めてで、園田氏以降は園田氏以前にもどってしまい、この問題についての説明も見当たらないのが現状です。むしろ、園田氏の後継者とする人々は、五黄土星について、負の価値、マイナスイメージのみを強調し、五黄土星と五黄殺とを同じように説明しているのが実情なのです。気学の初心者は、五黄土星の作用や象意をこのように偏って解釈する書籍を読めば、五黄土星と五黄殺とはあまり違いがない、と思ってしまうのではないでしょうか。つまり、重大なのは、五黄土星と五黄殺が混同されているのではないか、ということです。このような状態が続けば、五黄土星も五黄殺も正しく解釈されないままになってしまうでしょう。

勿論、実際には、五黄土星と五黄殺との解釈が混同していても、吉凶の判断が逆転することはなく、五黄殺という大凶方さえ見落とさなければ、致命的な問題ではないかもしれません。しかし、象意が、事象面と気質や人物面とで、これほどかけ離れていることは、五黄土星の理解に問題があるということになります。このことは、気学を後世に正しく継承しようという者にとって、大きな問題であり、見過ごすことはできません。同時に、私ども、気学による鑑定を行っている者にとって、この問題を放置せず、しっかりと解明する課題であるということができます。

実は、現代気学の確立者である園田氏は、五黄土星について、このように偏った解釈ばかりしているわけではないのです。この点が、園田氏が気学界に残した最大の功績であったと思います。ただ、気学の根本の考え方において、園田氏に不整合な部分があること、さらに園田氏の五黄土星と五黄殺の凶作用を区分する立場が、後継者にうまく受け継がれていないのが実情で、このことが気学にとって問題といわざるを得ないのです。

そこで、この論文を「気学の真髄」—五黄土星と五黄殺—と名付けて、園田氏が構築した現代気学を明らかにしつつ、さらに園田氏を超えて、彼が達しえなかった気学の真髄に迫ろうとしたわけです。本稿で、園田氏の資料は、『氣學大全（上、下巻）』『方象講義録　五黄土星』を中心として、話を進めていきます。その他については、本稿の論旨を明瞭にするために、引用は出来るだけ少なくしました（なお、園田氏の引用文にある「五黄」とは、五黄土星のことです）。

3

まず、『氣學大全 下巻』（74～76頁）で園田氏は、「故に五黄土星を二黒土星と同じものと見れば陰星であるが、本来は陽と陰とを兼備している星である、善と悪、生と死、二つの作用を併せ持っている。・・・・・太極の理気が発現し、作用となって表現する時には、陰陽、善悪、生死、消長の相対現象となる。この両面の作用、現象を発生するものが五黄で、後天定位の中央太極に位する訳である。五黄殺の方位を犯せば必ず死ぬと決まっているが、殺すだけが五黄の作用ではなく、生かす力も亦五黄である。土に根ざして万物は生まれ、伸び育って行く、これは土の力即ち五黄の力である。若し五黄を殺すだけの力とするならば、この全地上に棲むものは、全部五黄の上に居るのであるから、悉く剋殺されて地上の生物と云うものは無くなる道理である・・・五黄を無とし、死とするが、それは五黄の陰の働きで、陽の方の働きからすれば五黄を有とし、生とする、無より有を生じ、又有を無とする力が五黄である」と指摘し、本命が五黄土星の人については、「善悪共に強く、激情にして仲々人に屈しないのである。」、あるいは「五黄が一星にて、善悪二道を遂行すると云う理を人事上に当て嵌めると、善行者は悪心を有すると同時に、悪行者は善心を有する人間作用・・・」『方象講義録　五黄土星』（25頁）、さらに「万物の生死を主どると云うのが、五黄と云う作用であることを知るべし」（同26頁）と明確に述べています。

この文章から、園田氏は、五黄土星の気の作用を負の作用にだけ偏らず、生と死、善と悪のように、正負相反する両面をみていること、五黄土星を本命星とする人は、善人も悪人もいる、と見ていることがわかります。これは極く当たり前で、すでに述べたように、五黄土星を悪や負の面に偏って把握すれば、極端に言えば、五黄土星を本命とする人は、「極悪人」ということになり、現実離れした解釈になってしまうのです。但し、園田氏も、「五黄殺の悪性的暴欲・・・・泥棒や窃盗・・・・」『方象講義録　五黄土星』（25～26頁）という言葉にあるように、五黄殺については大凶方として、この気の作用をうけると自滅、腐敗、崩壊、自死、大災害などに見舞われると断言しています。では、何故、園田氏の後継者は、五黄土星の負の象意だけを取り上げ、五黄殺の象意と混同するようにしてしまったのでしょうか。つぎにこの問題について、考えてみましょう。

4

五黄土星を論ずるには、まず、気学のシンボルマークとされている後天定位盤と先天定位盤について論じなければなりません。というのは、この二つの盤は、中国宋代の学者、朱子（一一三〇～一二〇〇年）の著書『周易本義』のはじめに見える、伏犠八卦方位図（以下、先天図と略す）、文王八卦方位図（以下、後天図と略す）を模範としているからなのです。

いまでもなく、気学は易、干支、五行などの思想を吸収し、同時に影響をうけつつ形成されてきました。なかでも、易は気学に大きな影響を与えています。例えば、九星も、五黄土星を除き、他の星はすべて易の八卦に対応しています。つまり九星それぞれの象意も、卦象のない五黄土星を除いては、すべて易の卦象が基本になっています。

ただ、この朱子が掲げた後天図、先天図と気学の後天定位盤と先天定位盤とで、大きく異なる点は、朱子の後天図の中宮は空白であるのに、気学の後天定位盤の中宮には、五黄土星があること、朱子の先天図の中宮には、太極が配置されているのに対して、気学の先天定位盤の中宮は空白になっているということです。つまり、朱子の太極と気学の五黄土星との関係に、易と気学の共通性と

【朱子『周易本義』】

文王八卦方位図
（以後後天図と略す）

巽 ☴	離 ☲	坤 ☷
震 ☳		兌 ☱
艮 ☶	坎 ☵	乾 ☰

伏犠八卦方位図
（以後先天図と略す）

兌 ☱	乾 ☰	巽 ☴
離 ☲	太極	坎 ☵
震 ☳	坤 ☷	艮 ☶

【気　学】

後天定位盤

巽		南		坤
	四緑木星 ☴	九紫火星 ☲	二黒土星 ☷	
東	三碧木星 ☳	五黄土星	七赤金星 ☱	西
	八白土星 ☶	一白水星 ☵	六白金星 ☰	
艮		北		乾

先天定位盤

巽		南		坤
	七赤金星 ☱	六白金星 ☰	四緑木星 ☴	
東	九紫火星 ☲		一白水星 ☵	西
	三碧木星 ☳	二黒土星 ☷	八白土星 ☶	
艮		北		乾

差異、さらには、気学の独自性があらわれているのです。以下、この点について述べていくことにします。

5

すでに指摘したように、気学において、五黄土星は九星のひとつで、後天定位盤の中宮に配されていますが、五黄土星に対応する易卦はありません。このため、五黄土星については易を手掛かりにできないということになります。もちろん、だからといって五黄土星に作用や象意がないわけではありません。この点で、五黄土星の解釈について、大きな関心を抱き、重要視して論じてきたのは、園田氏のみといってよいでしょう。園田氏のこのような姿勢は、『氣學大全　上下巻』「第五章　九星解説　中央五黄土星」、さらに『方象講義録　五黄土星』などから、確認することができます。

彼の著書『氣學大全　上巻』「第一章　総論　三、気学の組織内容」には、「宇宙天地に充ち満ちている浩然の気、大気というものは抑々どこから出ているか、電気とすればその発電所はどこになるかと云うと、宇宙大元の気、即ち気の本源を易に於いては太極と言います。・・・これは気学に於いては、太極即ち宇宙本源の元気、大気が森羅万象、万有万物の姿、形となって現れたものだと云うのと同じ事であります。・・・・要するに気学の内容としては、以上の太極、陰陽、五気五行、十干、十二支、九星と、これに易象（雷、風、火、地、山、天、沢、水、）八卦（震、巽、離、坤、艮、乾、兌、坎）を加え・・・茲に一流の運命哲学、方位哲学、家相哲学を完成したものでありま す」（20頁）とあって、大気というもの、宇宙の大本となっている「気」の本源は、易でいうと「太極」のことであり、気学では、この太極が形や姿となって現れたものが、森羅万象であると解釈しています。そして、園田氏によれば、気学の理論構成は、太極―陰陽―五行―十干―十二支―九星となっていると定義されています。

さらに、園田氏の『氣學大全　下巻』には、

「太極の理気が発現し、作用となって表現する時には、陰陽、善悪、生死、消長の相対現象となる。この両面の作用、現象を発生するものが五黄で、後天定位の中央太極に位する訳である」（74頁）とあります。

つまり、陰と陽、善と悪、生と死、滅亡と成長という相対的な作用が現象しているのが現実世界であり、これが、気学の五黄土星であって、後天定位盤の中宮即ち太極の位置に配置されているのであると述べているのです。ここで、重要なことは、園田氏が、易の太極と気学における五黄土星とを結びつけていること、五黄土星の気を、作用と現象とに分けて論じていることです。では、園田氏がいう「太極」とは何か、ということになりますが、これについて彼は、朱子の太極論をそのまま受け継いでいるのです。

即ち、朱子は「太極とは、天地万物の理に他ならない。天地についていえば、天地の中に太極がある。万物についていえば、万物の中にそれぞれ太極がある。天地が存在する以前にも、つまるところ先ず理があったのだ。動いて陽を生ずも理に他ならないし、『静にして陰を生ず』もやはり理に他ならない。」「太極とは、理に他ならない」（『朱子語類　訳注』汲古書院刊（3～8頁）と述べて、太極とは、「理」と言うこともでき、万物と一体ではあるが、しかし万物と同じということではなく万物の根源なのである、と解説しています。

ここの「万物と一体であるが、万物と同じということではなく、理である」ということを、朱子は別の箇所では、『理は気を離れたことはない。しかし、理は形而上（形以前）であり、気は形而下（形以後）なのだ。・・理には形がないが、気はきめが粗く質感があり、残滓がある。』（『朱子語類　訳注』汲古書院刊（15頁）とも言って、理（太極）と気は離れたことはないが、しかし、理は形而上（形以前）なので形がなく、これに対して、気は物質（形以後）、即ち、陰陽の気であり、気は即ち物質、つまり形而下（形をもつこと）となるということです。しかし、気が作用をもち、森羅万象として現象することができるのは、気の根底にあって、気の根拠となっているもの、それは気（形、状況）の根源となるものであるから理であり、形而上（形を超えている）のもの、というように説明しているのです。

つまり、理は「形の根源」であるので無形であり、それは形を通してしか論ずることができないと述べています。このような朱子の解釈が由来するものは、『周易　繫辞伝上』にある「この故に易に太極あり。これ両儀（陰と陽）を生ず。両儀は四象（老陰、小陽、小陰、老陽）を生じ、四象は、八卦を生ず。」という言葉、及び「形而上なる者これを道と謂い、形而下なる者これを器と謂う」などという言葉に基づくと解釈されていますが、詳細になりますから、ここでは、解説は省きます。

そもそも、太極は無形であり、その太極を五黄土星に見立てて、五黄土星を朱子の太極のように後天定位盤の中央に位置させ、五黄土星には卦がないという点に注目して朱子の論から解釈したのが、園田氏だったのです。

このように、朱子の場合は気の根源に太極、理が位置づけられているのですが、気学は文字通り、「万物はすべて気である」という認識であるため、「太極」や「理」という考え方は一切ありません。ここが易と気学が基本的に異なる点です。即ち、気学では、すべては気からできていると考えているのに対して、気の根源は理（＝太極）であるという考えの朱子の論とは、基本的に異なるのです。園田氏がこのことをどのように理解していたのかが問題なのです。

6

人間は修養を重ねて汚濁の気をなくし、清明の気を心に実現して聖人になること、即ち完全に善なる理と一致すること、このために修養を重ねることの必要性を説くことが朱子の目的でした。但し、朱子の場合「そもそも、理と気は別個のものではなく、常に一体であり、それが事物の存在の原理である」という考えが基本です。従って、理には汚濁な事物（気）や現象（気）と一体となっている「世俗の理」もあれば、聖人にあるような清明の気（欲望のない、邪な気持ちの全くない気）と一体となっている「完全に善なる理」もあり、その事物の様態によって、様々な理と気があると説いているのです。つまり、通常、人間の気は欲望の世界に堕落した濁った気であり、そのように濁った気であるため、極悪非道なこともできる、あるいは、欲望に動かされて、犯罪に走りやすいこともあるのです。朱子によれば、この状態の気にも理はあるとされます。このように朱子は理と気は一体であるとしますから、一見すると現実の仕組みを理気論で解明しようとしているようにみえます。しかし、実を言うと、朱子が価値を認めている理とは、是非善悪、清明汚濁が入り混じっている現実のなかにあるのではなく、彼自身の理想、つまり理念としての高邁なところにある理なのです。この理の二面性に、彼の理気論のわかりにくさがあるのです。

要するに、朱子は

①理を普遍的なものと位置づけるために理は形而上（形を支配するもの、根源）とし、気は形而下（物質）として区分した。

②しかし、同時に、理気一体、つまり形而上の理と形而下の気とは、「一にして二、二にして一」といって、理は常に気の中にあると説き、理が単なる理屈、空論ではないこと、従って、聖人になるということは、現実生活からかけ離れたものではなく、日常生活の延長線上にあり、人間が達成できる目標であるとしている。

③その結果、汚濁の心（気）にある理と清明の心（気）にある理とを峻別していながら、理は一つということを説くため、彼の理気太極論は矛盾を孕むことになってしまった。

というのが、朱子の理気太極論の特徴なのです。こうして、彼の理と気、そして太極のそれぞれは理解できるのですが、それを関連させて論じられると整合性がとれず、そのため、朱子の論は難解とされるのです。ですから、本来、理を根源と考えず、気がすべてであるとする気学からすれば、朱子のような理気太極論と気学の五黄土星とは、似ているようで、実は非なるものということなのです。

園田氏が「太極の理気が発現し」という言葉を使っているということは、このような朱子の形而上（太極、理）、形而下（万物万象を構成している気）を、そのまま受け入れていることを示しているのです。「五黄は太極そのものであって、絶対的存在とも云うべきものである」『氣學大全　下巻』（73頁）という言葉は、その好例でしょう。

このように、朱子のいう太極と園田氏がいう気学の五黄土星では、言葉上では似ていますが実は考え方に大きな違いがあるのです。即ち、園田氏は朱子の太極が気学の五黄土星とは基本的に異なるということを見落とし、朱子の太極論に従って五黄土星を理解した結果、五黄土星についての解釈が曖昧になってしまったのです。

7

この点について、もう少し話を進めますと、先程の園田氏のいう「太極の理気が発現し・・」とは、一体、具体的にどのような状態のことなのか、詳しい説明がありません。もし発現ということが、母親が子を産むように「生ずること」というのならば、気学は「気の学問」ですから、気以外に何者もなく、つまり「気（子）」を生んでくれる「気（親）」もありません。そうではないとすると、「太極の理気が発現する」とはどういうことなのか？これを形而上、形而下の論で解釈したのが朱子でした。つまり、物質という基準からすれば、形而上（つまり論理という目に見えないもの）と形而下（つまり目に見える事物や事象）とは別個としつつ、しかも論理的には一体のものとして考えるのが朱子の理気太極論であり、これを気学の五黄土星として解釈することとは、根本的に違うのです。

このように、朱子は現実世界を、理気一体論によって説明し、客観的であるように見せかけながら、実は自分の理想論をその中に滑り込ませ、彼の理想論を確固たるものにしようと目論んでいたのです。その結果、森羅万象には「根源がある」とし、その根源を太極＝無＝理＝善とすることによって、「理は気より優位」としたのが「朱子の理気太極論の構成」なのですが、これを園田氏が見抜けなかったのではないかと思われます。このために、園田氏は、現実は是非、善悪、美醜、好悪など相対的な「気」しかないと言いつつ、朱子の太極を五黄土星と重ね合わせ、「理気を発現するものが太極」という表現をしてしまったのです。このため、善と悪の両面、相対現象をもつのが五黄土星であり、その結果、気だけで解釈するべきものが、結局曖昧になってしまったのです。その後、だれも五黄土星と向き合って解釈をしなかったため、五黄土星の作用・象意と五黄殺の作用・象意が混同されてしまい、園田氏が指摘した五黄土星が生殺を司るという重要な作用・象意も語られなくなってしまったのです。

8

では、次に、五黄土星とは何かということを明らかにしなければなりません。五黄土星によって他の九星が成立するのですが、それは、母親が子を産むという意味ではないということです。「それでは五黄土星とは何か」というと実はエネルギーということなのです。

そもそも、気の正字は、氣であり、その由来は、諸説ありますが、人の呼吸の気、あるいは、蒸気の象形文字とされています。つまり、人の息、あるいは、熱したものから吹き上がる蒸気の意味であり、とくに後者は、「湯を沸かすときに、吹き上がる蒸気が蓋を持ち上げる」蒸気エネルギー（力）という現象から類推できます。古代中国の『孟子』がいう「浩然の気」というのも、基本的には、現実世界に満ち渡って、永遠に生成・変化・消滅を繰り返していく力のことなのです。但し、あとで触れますが、『孟子』の気学では、気を正義という道徳的な価値と結びつけている点で異なりますが、森羅万象が生成・変化・消滅していく作用をする、生々の気（＝エネルギー）ということは注目する必要があるでしょう。このような気の作用については、易にもそのような受け取り方が見え隠れしており、「天地の大徳（大いなる働き）を生という」あるいは「生生これを易という」

（いずれも周易　繫辞伝）という言葉などは、その代表でしょう。気学の五黄土星とは、実はこの生々気（『孟子』がいう浩然の気）、言葉を換えれば、生々の作用をもつエネルギーのことであり、エネルギーは動きですから、形はなく、万物万象を生成・変化・消滅させていく作用そのものなのです。そもそも気の作用が象意・現実世界に充満する生々のエネルギーとして述べられている原型は、先ほどの『孟子』（公孫丑上）に見られる「私（孟子）はよく浩然の気を養っている。」という孟子の言葉に対して、弟子の公孫丑の「伺いたいのですが、その浩然の気とは、どのようなものなのでしょうか。」という質問に答えた中にあります。即ち、孟子は「言葉ではなかなか説明しにくいが、この上もなく大きく、この上もなく強く、しかも、正しいもの。立派に育てていけば、天地の間に充満するほどにもなる。」と答えているのです。このように、気というものが『孟子』では、天地の間に充満しているエネルギーと考えられているのです。但し、すでに指摘したように、『孟子』では、この言葉に続けて、「この気はいつも正義と人道とに連れ添ってこそ存在する」として浩然の気を道徳的な善と特徴づけているところです。これは、朱子と同様に『孟子』が修身を究極目的とする儒教の流れなので、「善」を気の本質と結びつける結果になっているのです。宋代の儒学者である朱子が「太極＝善」ととらえる理由もここにあります。このような森羅万象の生成・変化・消滅に見られるエネルギーとする生々の気の思想に、老荘思想（所謂「道教」）の「万物の根源は無である」という論を取り入れて、精緻な修養論に作り上げたのが、朱子の理気太極論なのです。

先ほどの園田氏の著書『氣學大全　上巻』「第一章　総論　三、気学の組織内容」には、「宇宙天地に充ち満ちている浩然の気、大気というものは抑々どこから出ているか、電気とすればその発電所はどこになるかと云うと、宇宙大元の気、即ち気の本源を易に於いては太極と言います。・・・これは気学に於いては、太極即ち宇宙本源の元気、大気が森羅万象、万有万物の姿、形となって現れたものだと云うのと同じ事であります。」とある「浩然の気」とは、まさにこの『孟子』の浩然の気を言っているのです。

但し、重要なことは、気学は吉凶方位を判断する運命論であって、道徳、修身ではありませんから、気だけに注目するべきなのに、園田氏は、朱子の修身論の基礎である理気太極論によって、五黄土星を解釈しようとしたところに、問題点が残ってしまったのです。

問題点をもうひとつ付け加えれば、このように、五黄土星の気は、古代中国で孟子の「浩然の気」であり、即ち「生々たる気」であって、少なくとも、現在のように、「五黄土星＝腐敗の気」というイメージとは、全く無縁でした。但し、「生々たる気」といっても、その動きが衰えれば「老」になり、止まれば「死」になるという作用でもあることは言うまでもありません。皆さんは、「五黄土星」という言葉を聞きますと、「腐敗の気」をイメージしやすいと思います。本稿の場合は、五黄土星をこの「五黄土星＝生々の気＝エネルギー」として、話を展開していますから、違和感を感じると思います。しかし、「五黄土星＝腐敗の気」と印象づけたのは、従来から引き継がれてきた五黄土星と五黄殺を混同した結果であり、五黄土星の働きは、生成・変化・消滅の作用を果たす「生々たる気」「エネルギー」なのです。

念のために付け加えますと、気学の気は、目視では静止した状態のようにみえる現象も、気のレベルでいえば、生々たる気＝エネルギーが作用した結果によって現在の形状、形態を維持していることなのです。事実、園田氏も「五黄土星の中央は天地の元気」『方象講義録　五黄土星』（15頁）あるいは「腐敗と云う作用は五黄であるが、腐敗した物そのものを五黄土星と見てはならぬ」『氣學大全　下巻』（76頁）と述べています。このように、五黄土星とは、「物質、物体」ではなく、それらに示されている「作用」ということができるでしょう。

ここでもう少し、この話を進めますと、目に見えませんが作用は持っているという好例として、病院で行われているX線検査などがあげられます。体を貫通するレントゲン線（放射線の一種）です。レントゲン線は高エネルギーのひとつですが、このレントゲン線が人体を貫通する際に、フィルム（画像）に焼き付けた陰影によって体内の状態を見ることができるのです。しかも、このレントゲン線は、ご承知のように直接見ることはできません。この点では、磁気もまた同様です。目には見えない磁気も、磁石を使うことによって針が南北を指し、はじめてその存在が確認できるのであり、あるいは重力のように、物体が上から下へ落下する現象は目に見えても、落下させる地球の引力は目にみえません。要するに、森羅万象があるということは、気というエネルギーの活動によって成り立っているということなのです。眼前の森羅万象、事々物々の姿こそ、この気（生々の気、エネルギー）が活動している証拠にほかなりません（勿論、気学では、気は九種類の気に分けられますが、ここでは、五黄土星の作用・象意を説明しています。生死を司る五黄土星の気と九星の気との関係については、後ほど触れることにします）。

9

さらに、「五黄土星とは何か」について、説明しましょう。

気学の五黄土星とは、野球で投手が投げるボールに例えることができます。野球では、投手がホームベースに向かってボールを投球する、つまり、ボールにエネルギーを与え、そのエネルギーによってボールはホームベースまで届くわけですが、気とは、ボールが打者まで飛んでいく力、即ちエネルギーのことなのです。たとえ、どんなに重さも形も握りやすさもよいボールであるとしても、そもそも飛ぶ力（エネルギー）をもっていないと、ホームベースまで届かず、ボールの役割を果たさないのと同じで、五黄土星というエネルギーがなかったら、一白水星から始まる九星はなく、人間は勿論、森羅万象はないのです。後でも述べますが、五黄土星というエネルギー（生々の気）が後天定位盤上の中央と八方位に展開して九星の作用（エネルギー）と象意をもつようになるのです。

こうして、一白水星から九紫火星までの星（気）がそれぞれの特徴を示しながら働き、その結果が森羅万象となって目の前に展開しているのです。こうしてみれば「見えないからない、ないから無（む）」と言うことはできないことが、わかるでしょう。もし、五黄土星という気（エネルギー）

がなかったら、「仏つくって魂入れず」という諺のように、人間をふくめて森羅万象は、形はあっても動くことはできず、あたかも、蝋人形のように自発的な力(自力)をもたないものとなってしまうのです。このように、五黄土星という気は、形のある人や事物を成り立たせ、動かしているエネルギーのことなのです。しかもそのエネルギーは地上の森羅万象のすべての営みそのものですから、強力なエネルギーなのです。このことは、次にふれるように、年盤上の中宮が五黄土星の年に生まれた人、即ち、生まれた時に、五黄土星の気を取り込んだ本命五黄土星の人の気質にハッキリと表れています。

では、生々の気としての五黄土星の気質はどのようなものなのか?と言えば、生まれて初めて、肺の中に五黄土星の気を吸い込んだ人、つまり五黄土星が後天定位盤の中宮であるために方位がない、つまり変化のないストレートのエネルギーを取り込んだ人になります。ですから、活力、エネルギーの塊のような気質で、どのような困難に直面しても、心が折れることがなく、自分の目的を達成するまでは、最後まで諦めないタフな人物となります。また、八方位の星に、作用・象意を変えて展開するだけの強いパワーを備えているだけに、融通無碍で、このため度量や懐の大きいタイプです。善人ならば、その活力が大きいので徹底した善人に、悪行の場合でも、徹底した悪行をする可能性があります。つまり善の面でも、悪の面でも徹底して極めるタイプです。「七転び八起き」という言葉は、この星の人の為のような言葉でもあります。このように理解して、はじめて、これまでの気学でいう「どん底から這い上がって出世する力量がある」という五黄土星の気質が矛盾なく解釈できるのです。

例えば、政治家では、昭和天皇から終戦の処理を任され、日本史上初めて敗戦国の首相として連合国に対峙した東久邇宮稔彦、その後、平和条約を結んだ吉田茂、安保条約の改定を強行した岸信介、郵政民営化を強行した小泉純一郎など、タフで親分肌、目的達成のためには決して諦めない、胆力のある人物が多くいるのです。

10

ところで、「五黄土星が生を司る」というのは、どの星であっても、後天定位盤の中宮に回座しているときに、五黄土星のエネルギーをうけて世間に生まれてくるのですから、すべての星は後天定位盤の中宮で生まれるということです。そして、その星の種類を問わず五黄土星のエネルギーをもち、それぞれの方位に従い、後天定位盤上に一白水星から九紫火星までの星となって、それぞれの気の作用・象意を備え、そして、それぞれの気のエネルギーが尽きるまで、生命を保ち続けるのです。

では、次に五黄土星の作用・象意にある「死」について触れていきます。即ち、従来の解釈のように、「五黄土星は腐敗させる、その結果として死滅する」というのは粗雑な解釈です。正確には、五黄土星のエネルギーが九星として展開し、それが尽きてしまえば生命あるものは死し、間もなく腐敗、変形して、消滅していくということになります。従って、「五黄土星＝死」という単純なことではなく、このような意味で、「五黄土星は生と死の作用をもつ」といわれるのです。そして、中央の五黄土星と八方位へ展開することによって成立するのが九星であり、そのような五黄土星と他の星との関係をあらわしたものが、後天定位盤なのです。五黄土星がエネルギーであり、そのエネルギーが中央と八方位に展開した九つの気のパターン（特徴）が九星なのです。

園田氏の「後天定位の盤は八方位とも五黄の力が行き渡っているから、その上に同会する年盤の星は、定位の星の性質と作用との支配を受けるのみならず、五黄のもつ善悪二道の働きに左右される・・・」。（『氣學大全 下巻』（77頁）あるいは、「八方位は中央の五黄に因らざれば、我が使命を果たすことは出来ない。・・」『方象講義録　五黄土星』（4頁）という言葉は、まさしくこのことを述べているのです。また、そうであれば、八方位に展開する星は五黄土星のエネルギーが方位別に展開したものですから、作用・象意とも、それぞれの特徴を発揮しつつ展開している、ということなのです。園田氏の「天地の間の有形物体は皆五黄である。」『方象講義録　五黄土星』（16頁）という言葉も納得できるのです。そしてそのエネルギーは先ほどから述べているように、方位によって中央と八方位に特徴づけられるのです。それが、『周易　説卦傳』に、「震は東方なり、・・巽は東南なり、・・離は南方の卦なり、・・乾は西北の卦なり、坎は北方の卦なり、・・艮は東北の卦なり」と記されている気の作用・象意と方位との関係なのです。

これは、長い期間にわたって森羅万象の動きのすべてを観察してきた先達が獲得した知の遺産といえるのです。しかも、一瞬とも絶えることのないエネルギーを五黄土星として、八方位の原点である中央に配置することによって、この世界の仕組みを後天定位盤として表しているのです。

以上のように、五黄土星が司るということは、後天定位盤上の中央と八方位に一白水星から九紫火星までの星が位置を定めた時点で、九星それぞれの独自の作用と象意が成立し、以後、九星は五黄土星からのエネルギーをベースにして、年盤、月盤などへの適用と同時に、九星それぞれの星（気）の特徴に従って展開していくということなのです。これは、あたかも、ボールが飛ぶのは、エネルギー（五黄土星の生々の気）によるのであるが、球種は、方位によって作用・象意が異なるということ。即ち、中央をふくめた九種の方位の別（即ち九星の別）がこれであり、これが後天定位盤であり、そしてそのボールが、その時々の方位によって、同会する星の影響をうけつつ作用しているのが、年盤、月盤、日盤などの遁行盤上の星ということになるのです。では、八方位の凶方を犯すということは、五黄土星と八星とがどのような関係になることなのか？　この点については、次のように言うことが出来ます。即ち、年盤の星は、八方位とも後天定位盤の五黄土星の生々の気（エネルギー）をベースにもつ星の影響を受けていますから、例えば、年盤上の一白水星の方位を凶方として使うと、生々の気としての五黄土星の陰（マイナス）の作用をうけて、一白水星の凶作用やその象意があらわれ、吉方を使うと、五黄土星の陽（プラス）の作用をうけて、一白水星の吉作用やその象意があらわれていくということになります。また、年盤の中宮に回座した星の人が、住んだまま自宅を修理するのは、五黄土星に向かうのと同様になり、五黄殺と同様の凶作用をうけるということになります。ここで、念のため付け加えておきますが、「五黄土星の気がベース」といっても、九星それぞれの特徴をもつ気の下層に五黄土星の気がベースとして重層的な構造になっているわけではありません。そのような解釈は気を「動き（エネルギー）」ではなく、「形」と考えるという勘違いです。

以上の内容を盤に表したものが、後天定位盤なのです。

後天定位盤

巽	南	坤
四緑木星 ☴	九紫火星 ☲	二黒土星 ☷
三碧木星 ☳	五黄土星	七赤金星 ☱
八白土星 ☶	一白水星 ☵	六白金星 ☰
艮	北	乾

（左：東　右：西）

この盤を文章で表すと、

一白水星の気は、北に展開することによって、その気は水に象徴される作用・象意をもち、易では☵（カン）の卦で表す。

二黒土星の気は、南西に展開することによって、その気は地に象徴される作用・象意をもち、易の☷（コン）の卦で表す。

三碧木星の気は、東に展開することによって、その気は雷に象徴される作用・象意をもち、易の☳（シン）の卦で表す。

四緑木星の気は、東南に展開することによって、その気は風に象徴される作用・象意をもち、易の☴（ソン）の卦で表す。

五黄土星の気は、中央に展開することによって、その気は動き、変化に象徴されるエネルギーで、易の卦はもたない。

六白金星の気は、西北に展開することによって、その気は天に象徴される作用・象意をもち、易の☰（ケン）の卦で表す。

七赤金星の気は、西に展開することによって、その気は沢に象徴される作用・象意をもち、易の☱（ダ）の卦で表す。

八白土星の気は、北東に展開することによって、その気は山に象徴される作用・象意をもち、易の☶（ゴン）の卦で表す。

九紫火星の気は、南に展開することによって、その気は火に象徴される作用・象意をもち、易の☲（リ）の卦で表す。

ということになります。

つまり、森羅万象の生成・変化・消滅に示されているエネルギーは五黄土星（の気）なのですが、中央と八方位の九つの方位に従って九星になると、その五黄土星が九星個別の作用・象意の星（のエネルギー）になるのです。つまり、生成のとき五黄土星から与えられたエネルギーが九星の個別独自のエネルギーとなって、星の特徴（易の八卦の作用・象意）を表すのです。

次に、先天定位盤についてもふれておきます。

先天定位盤

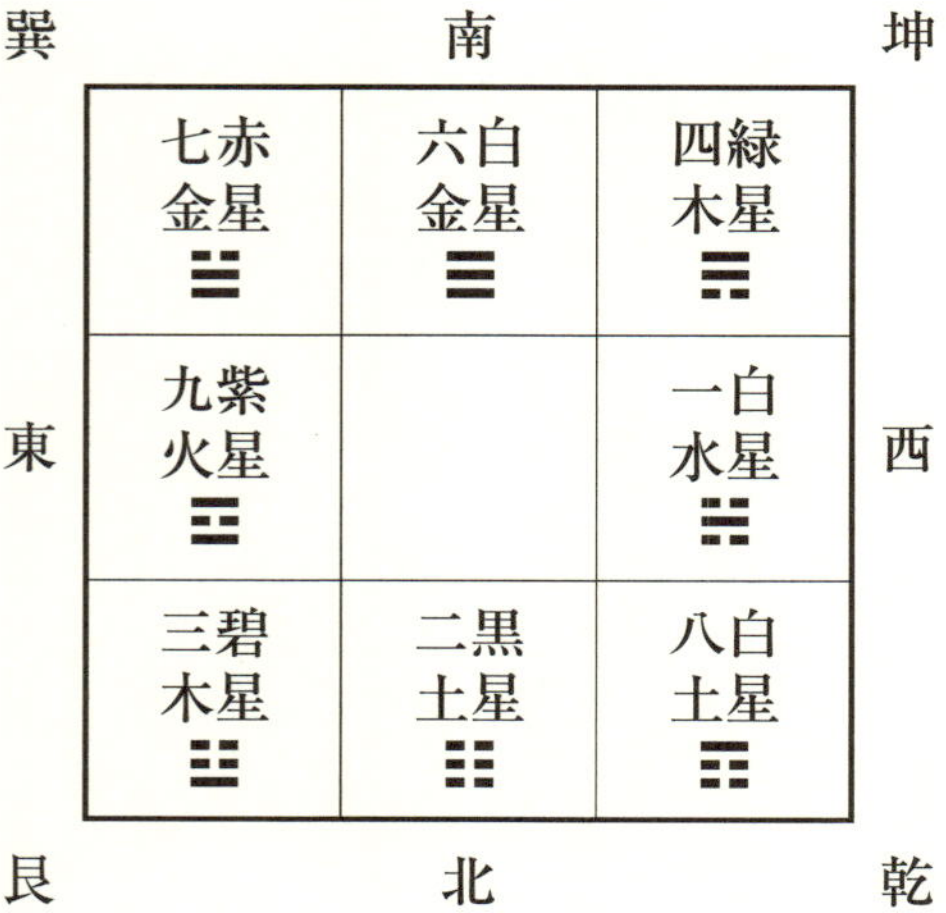

朱子の『周易本義』に掲げられている先天図は、後天図よりも後に、意図的に作成されたものなのです。朱子は「太極」を形而上のもの、即ち、理と考えていたために、森羅万象の世界（即ち気の世界）をあらわす後天図の中宮には太極は配置せず、理的な世界を表す先天図の中宮に配置したのです。しかし、気学では、朱子にならって作成した先天定位盤の八卦は、朱子の先天図の易卦に倣って八星を対応させせましたが、現実の森羅万象を表した盤ではないため、つまり森羅万象のエネルギーである五黄土星とは関係のない盤であるために、五黄土星は先天定位盤のどこにも配置さ

れず、中宮も空白になっているのです。

この論文の最初に、朱子の先天図、後天図を掲載し、気学の先天定位盤、後天定位盤との異同を指摘しましたが、朱子の後天図に太極がなく、気学では後天定位盤中宮に五黄土星が入っているのも、気学では後天定位盤が九種類の気のエネルギーの配置盤であることを、物語っています。

ここで次に重要な点について述べておきます。それは、気学では、このような五黄土星、即ち生成・変化・消滅の作用・現象をになうエネルギーが、「どこに由来するのか？」ということは問題としない、ということです。先ほどの投手とボールの場合で言えば、「ボールがホームベースまで飛ぶこと、その飛ぶ動きがエネルギー」と言いましたが、だからといって、ボールを投げる者（ボールにエネルギーを与える者）が、どのような投手なのかという類のことについては、全く関わらない、ということです。ボールが飛んでいる現象、即ち、気（＝エネルギー）による現実が問題なのであり、投手は誰か？を詮索することは、気学の問題ではなく、現実を離れた宗教や哲学の問題なのです。私たちの世界の実相は、誰も否定することができない「気の自発運動・自力展開」にほかなりません。これに対して、朱子は、聖人になることを目的としていたので、気の由来を「気に優越する絶対的な善、即ち太極」とし、修養によって、不純な気（人欲）を本来の純粋な気（聖人の気）にすることを主張したのです。園田氏はこのような朱子の理念や、そのために気の論理に滑り込ませたのが太極（理）であったということに気がつかなかったのです。そして、朱子の太極を気学の五黄土星と見なしたために、五黄土星（エネルギー）の作用や象意の解釈が、気学から逸脱してしまったのです。

さて、五黄土星と他の星とのこのような関係を表したのが後天定位盤であるとすると、年々歳々時々刻々に九星の配置が変わる年盤、月盤などは、どのように理解すればよいのでしょうか。

先ほど、投手によって投球されたボールは「飛ぶ」というエネルギーをもつ、と述べましたが、同じ投手で、同じ球種を投球しても、その時々の風向きや風の強さなどの影響で、ボールの軌跡が、上下、左右などに変化し、常に全く同じというわけにはなりません。つまり、後天定位盤の九星が周囲のその時々の状況に左右されない星（作用・象意）だとすれば、九星が年々歳々遁行する年盤や月盤の九星の配置こそが、その時々の九星の気の状態をあらわした盤だということができるでしょう。眼前の森羅万象、事々物々の姿こそ、この九星の気（エネルギー）が展開している状態にほかなりません。後天定位盤の方位が示す特徴をもった星（気）が、その都度、八方位に展開しているという意味なのです。

この点について園田氏は「天の大命は大気の施行する大作用であって、・・・それで大命も大気であるが、人生も亦気活（生々の気の意味、筆者注）である、成功も気活であり失敗も亦然りで、天の源気は人類の気、動作の気であって、人生の喜怒哀楽の気は、皆この大気の大作用に出発するのである。この大気の研究を気学と称するのである。」『氣學大全　上巻』（63頁）、あるいは、「五黄殺の方位を犯せば、すべてのものが死滅しますが、五黄は殺すばかりでなく、生かす作用を持っております。・・・中央とは活動を意味し、生々溌剌たる気運を内蔵しているのであります」『氣學大全　下巻』（12頁）、さらに続けて「宇宙には大気と云う大元気が存在し、この元気が常に絶えず九つの大元素とし、森羅万象に対して、生死活動の一切を支配し・・・」『氣學大全　上巻』（67頁）と述べており、五黄土星の気は、時々刻々、中央と八方位に九種のエネルギーとして展開していると、理解していたことがわかります。園田氏の文章には、多分に宗教的色彩がみられますが、この点は後にふれることとして、五黄土星の作用・象意である生と死のうち、死の作用・象意しか取り上げない現状の気学とは違って、園田氏は「万物の生死を司ると云うのが、五黄と云う作用であることを知るべし」『方象講義録　五黄土星』（10頁）とあるように、生と死の両面を作用・象意とし、この点を正しく理解していることがわかります。

これで、五黄土星の気質面での作用・象意としては、「大変な底力を持っていて、失敗しても起き上がる強さがあり、どん底からでも這い上がり、出世する力量がある」とされる理由もわかってきます。つまり、五黄土星が気学において非常に重要な星であること、極端に言えば、五黄土星の正しい理解なくして、気学の正しい理解はない、と言っても過言ではないでしょう。

このように九星の中から五黄土星を抜き出して、詳しく論じている園田氏はさすがであり、この点に着目しただけでも、現代気学の確立者といわれるのに値するでしょう。この園田氏が、易や朱子学の論によって、他の星に対して、五黄土星の際だった作用と象意を掘り起こした功績が大きいだけに、全体としては朱子の論から脱却できず、五黄土星の位置づけが曖昧になってしまい、五黄土星と五黄殺との差異を明確にすることができなかったのは残念です。しかも、園田氏以降に書かれた解説書や啓蒙書で、五黄土星の象意が、大災害、殺人、腐敗などと強調されているため、五黄土星と五黄殺との区分が一層曖昧になり、年盤の中宮に入った星の人は、五黄土星と同会するために凶運と決めつけ、その年一年はジッとしていること、八方ふさがりの年と解釈されてしまうのです。

園田氏以降、気学を論理的に追求した後継者がいないため、現代気学にたいする園田氏の貢献度は極めて高いのですが、反面、朱子の論から五黄土星の意義を解釈したために、五黄土星と五黄殺とが曖昧になり、気の解釈も、気学の気からずれてしまったのです。

12

ここで、ここまでを振り返りますと、園田氏はすでに紹介したように「太極の理気が発現し、作用となって表現する時には、陰陽、善悪、生死、消長の相対現象となる。この両面の作用、現象を発生するものが五黄で、後天定位の中央太極に位する訳である」『気学大全 下巻』（74～76頁）と述べています。これまで指摘してきたように園田氏は、五黄土星の作用とは、善悪、生死などの両面としてとらえていることがわかります。しかし、園田氏以降は、五黄土星の象意や作用の大半は、負のイメージ（悪）に偏って列挙されてしまったということです。つまり、園田氏が五黄土星と五黄殺との異同を明確に整理していなかったこと、これらのため、園田氏以降は、五黄土星の作用・象意と大凶の五黄殺の作用・象意とを混同してしまったということです。しかし、わずかですが園田氏は「八方位中の何れの宮に五黄土星が在宮していても、此の五黄の在宮せし方位に向かって移動するとか、又は新築をするとか、増築、動土等を行いし人は、五黄殺と云う天地の気を受くるに至って、始めて運命が腐敗する。腐敗せし人の運命を指して、五黄の本体としてはいけない。」『方象講義録　五黄土星』（21頁）とあり、また、「五黄殺は五黄土星そのものではない。」といって、五黄土星の作用や象意と、五黄土星が回座する方位をつかった場合の五黄殺とは違うことを述べています。

そもそも、五黄土星の気の作用、即ち「後天定位盤や遁行盤上の五黄土星の気の作用」と「五黄土星回座方位に〝向かう〟ときにうける凶作用＝五黄殺の作用」とは、根本的に違うのです。森羅万象、例えば、草木の息吹、調和する大自然がある一方、その反対側には、大地震、水害、山火事など、自然の猛威を示す大災害があります。これらの事象は両面ともすべて気のエネルギー＝五黄土星の作用であり、その作用の現象（象意）なのです。人間も社会の奉仕者、功労者、真面目な勤め人などがいる一方、殺人や強盗などの犯罪者もおり、いずれも、生まれた時に肺臓に取り込んだ気（後天定位盤の五黄土星の気とその年の中宮の気の両面）が、個々人の生命力や個性となって、成長していく点では、善悪両面の作用をもっているのです。園田氏が「五黄は殺すばかりでなく、生かす作用を持っております。」『氣學大全　下』（12頁）あるいは「五黄が一星にて、善悪二道を遂行すると云う理を、人事上に当て嵌めると、・・・善と悪とを具備すると云う元義は、五黄と云う星に陰陽両道の作用あるを見て、・・・・」『方象講義録　五黄土星』（37頁）と述べているのも、この意味にほかなりません。

このように、五黄土星の気は、誕生時に生のエネルギーを付与する（生の息吹を吹き込む）という作用と同時に、他方では、生ゴミなど有機物を地中で溶解・消化して腐敗・無化する作用や、あるいは、そのような土の分解作用を応用した遺体の処理である土葬などを可能にする「変化」の作用の気、そして尽きれば万物に消滅をもたらすのです。

しかし、園田氏は「人を殺すのも、万物を殺すのも、殺すと云う天理は一ツである。地球面上に至る所が此の作用のみであるから、是を天下の中央と謂う。即ち、地球全面が中央であり、又、五黄殺である。」『方象講義録　五黄土星』（8頁）と述べたり、あるいは、「天地間の大気に五黄殺と云う気が在って、腐敗に導くのである。」（同20頁）、さらには「人事上の一切のものは皆死すると云うことになるのが五黄殺と云う所以である」（同21頁）と述べていて、五黄土星と五黄殺との区別が曖昧な部分もかなりあるのです。つまり、一方では五黄土星を正しく捉えて、「腐敗せし諸物は、五黄と云う気に支配せられて腐敗するのであるから、腐敗物としてはならぬ」（『方象講義録　五黄土星』（19頁）とあって、五黄土星と五黄殺とを区分しているにもかかわらず、他方では、五黄土星と五黄殺とが同じように扱われているのです。

いずれにしても、他方では、五黄土星を方位として使った場合の五黄殺に足をとられ、五黄土星（エネルギー）を前掲の「あらゆる万物は皆地球が飼育するのである。人を殺すのも、万物を殺すのも、殺すと云う天理は一ツである。地球上に至る所が此の作用のみであるから、是を天下の中央と謂う。即ち地球全面が中央であり、又五黄殺である。」というように、五黄殺と同一として考えているのです。しかし、正しくは「生成、変化、消滅」ということは、「森羅万象にエネルギー（気）が流れることによって生まれ、やがて、そのエネルギーの運動が遅くなり、エネルギーが欠乏すると衰えと死・そして腐敗が訪れる」ということをよく理解する必要があります。

13

では、このような五黄土星が、なぜ遁行盤上では五黄殺という大凶方になるのか、即ち、何故、万物のエネルギーである五黄土星が、自分（五黄土星）に向かってくる人に対して、年盤や月盤などでは大凶方の作用をもつようになるのでしょうか？　つまり、後天定位盤の中宮に位置する五黄土星は、「エネルギー、強い変化作用」なのですが、ひとたび年盤や月盤上において、五黄土星が回座する方位に向かうと、五黄殺という腐敗、自滅、破滅などの大凶現象を引き起こす気になるのでしょうか。本来、五黄土星が回座する方位に移動する、ということは、九星のいずれの星の人であっても、生まれるということは五黄土星の作用によるものであり、ということは、中宮の九星の気とともに、五黄土星の気もあわせて体内に吸い込むということになります。従って、本人の九星（本命星）がいずれであっても、五黄土星の回座方位に向かうということは、自分の本命の気にある五黄土星と同じ気に向かっていくことになります。このことは、陰と陰、陽と陽との対立のように、同じ者同士の激しいぶつかり合い、いわば凸と凹ではなく、凸と凸、あるいは凹と凹同士の方が激しく衝突する、互いに激しく刺激し合うという特殊作用を引き起こすことと同じです。とくに、欲するとおりに生きていこうとするエネルギー（生々の気である五黄土星）は、九星の別を越えて、すべての人間を貫いているものですから、極めて強烈であり、春の青葉を秋には紅葉にしてしまうほどの太陽の光エネルギーに喩えられるほど強いのです。このため、五黄土星の気をベースにしている星の気をもつ人間が、同じ五黄土星に向かうということは、その対立は激烈ということになります。つまり、人間にはその人の本命星の気を支える五黄土星があるために、五黄土星が回座している方位に向かうことは、凸と凸との関係となり、極めて激しい気の対立を生ずることになるのです。言葉をかえれば、中庸を破壊すること、陰陽相対を基本とする人間万物のバランスのとれた状態を否定すること、その結果として生命や生活環境の破壊を招くのです。このように、五黄土星が回座する方位に向かうということは、本命の気のバランスを崩す強烈な気の乱流をうける（五黄土星のエネルギー作用をうける）五黄殺となるのですが、他方、五黄土星の対冲に直接向かい合うという関係になると暗剣殺という大凶殺を構成することになり、人間の本命の気を損なう大凶殺にもなるのです（凸と凸、凹と凹の関係を陰陽に移し替えれば、陰と陰、陽と陽、という関係も、同様として考えられます）。いずれにしても、気学では、初めて肺臓に大気を吸い込む時、つまりこの世に生まれ出る時は、その人の時空間の開始点ということであり、しかも、年盤、月盤は時空間の気を示している盤ですから、生まれた直後から運気の強弱、方位の吉凶を判断する遁行盤（年盤、月盤、日盤など）が適用される、ということになります。厳密に言うと最初の一呼吸の後に現実世界（時空間の世界）での吉凶強弱をともなう人生が始まるのです。そしてその後は、自分の意志の有無にかかわらず、つまり、たとえ乳児であっても、実生活では、移動や遁行盤上での星の移動が始まるのですから、遁行盤上で方位の吉凶、運気の強弱が作用するのです。こうして五黄土星回座方位への移動は、大凶方である五黄殺になってしまうのです。この五黄殺の方位を使うことこそ、その結果として、自滅、家庭崩壊、大事故、凶悪事件に巻き込まれるという、取り返しのつかない事態を招くのであり、大凶作用にみまわれるのです。それは、あたかも高圧電流にふれて、一瞬にして感電死するようなもので、私たちは、電流それ自体を目でみることはできませんが、しかし、それに触れれば、即座に死を招くようなものなのです。五黄殺とはそのような気の作用であり、その作用の結果、恐ろしい事態になるのです。巷の気学教室で話されている「五黄土星は腐敗の気であるから、五黄殺の災いを被る」というのは正しくありません。何故なら、生の作用もあるのですから、説明のしやすいときだけ、「五黄土星は腐敗させる作用だから、腐敗の気＝五黄殺」とするのでは、五黄土星の気の正しい解釈とは言えません。例えば、このような論（五黄土星＝腐敗の気）で解釈すると、極端に言えば、本命五黄土星の人は、「生きながら腐敗している人」ということになってしまいます。

そもそも、五黄殺の仕組みは、本命殺、的殺の場合と同様なのです。本命の気と同じ気が回座している方位を使うと、同じ星（気）と同じ星同士のエネルギーの衝突は、あたかも、陽と陽、凸と凸のような強烈な反作用を被ることになります。気のエネルギーはこれほど強いものであり、五黄土星の気をベースにもつ私達が、五黄土星の気が展開している方位を使うと、五黄土星の気と五黄土星の気の衝突という状況を引き起こし、強烈なマイナス作用・象意（自滅、強盗、殺害、解雇、腐敗など）が、現象するのです。これが五黄殺の真の原因なのです。

最後に、年盤や月盤の五黄土星に同会する場合について述べておきます。後天定位盤の中宮に回座したり、年盤の五黄土星に同会した場合には、五黄土星の気の激しい変化作用をうけるため、これまでの努力の成果が出る、活気がみなぎる、周囲の注目を浴びる、自信過剰になる、万能感に浸り足を踏み外す、環境が激変する、転職、移転したくなるなど、良くも悪くも大きい変化を起こすことになります。運気の吉凶はこのようにして定まるのです。

14

以上で、五黄土星の作用・象意と五黄土星に同会した場合の作用・象意、そして五黄殺の作用・象意という、三つの間に明確な区分があることがわかるでしょう（なお、相対・対冲という考え方は、易などの中国古来の思想の根底にある、陰気と陽気の一対による万物生成の存在形式に、その典型を見ることが出来るのです。例えば、「中庸」というと、「適度」というごく平凡な処世術のひとつと考えられがちですが、中国では『四書』と呼ばれる儒教の書物のなかに「中庸」という書物が入っています。それほど中国や日本では、中庸、相対という考え方や世界観、価値観が重視されているということを付け加えておきます）。

ここで、これまで明らかにしてきた五黄土星と五黄殺についてまとめますと、

①五黄土星の作用＝森羅万象、万物の生成・変化・消滅に示されるエネルギー。
　それぞれの星の吉凶作用を起こすきっかけ（機）となるエネルギー。但し五黄土星の気に向かえば、常に大凶作用としてのみ作用する。理由は、人間の

本命星に五黄土星があるために、五黄土星同士がぶつかり合って、五黄殺になる。）

②五黄土星の象意（五黄土星の気が作用した結果）＝人間ならば、リーダー、皇帝、大政治家、不屈の人、冒険者、極悪人、超人、常識を超える能力をもつ人など。事象ならば、中央、牽引力、大成功、繁栄、爛熟、大災害、大惨事、死体、腐敗物など。

③五黄土星を本命星とする人の気質・人柄＝活力が漲っている（人）。我が強く自己中心的（な人）。強欲（の人）。懐が大きい（人）。

善悪とも徹底して行う（人）。諦めない（人）など。

④五黄土星に同会した時にうける作用・象意＝良くも悪くも激変（する）。万能感（に浸る）。

良くも悪くも周囲の注目を浴びる（状況）。

変化を求める気分に振り回される（状況）。

再燃、再発（する）。

⑤五黄殺を犯した場合の作用・象意＝強烈な自滅、崩壊作用（が起る）。惨劇（が起る）。

殺人や強盗などの犯罪（が起る）など。

というように、区分できます。

15

結論に入りたいと思います。そもそも気学は宗教ではありませんから、気学を基礎づけようとして世界観や存在論を説くことはありません。宗教というものは、人間、あるいは世界は如何してあるか？という存在論（所謂「形而上学」）がなければ、求心力や説得力をもつことができません。園田氏の場合は、もともと、宗教的な信念をもっており、気学を存在論の視点から解釈することになってしまったのです。その結果、太極と気について、仏教でいう「体と用」（体は形而上＝根本的なもの、用は形而下＝二次的なもの）の関係で捉え、一度は、五黄土星を善悪相対の作用・象意の気としているにもかかわらず、結局は、気の根源を考え、それを太極（＝絶対善）とし、他方では五黄土星の作用・象意の一部分である腐敗、死滅にこだわってしまい、そのため、五黄土星と五黄殺が曖昧になってしまったのです。実際、園田氏の心には、宗教的な価値観がずっしりと占めていました。

「日蓮聖人は未来を知る者は聖人であると言って居りますが、気学は未来を知る法であって、・・・・」『氣學大全　上巻』（93頁）』）といい、あるいは「太極は即ち無極、無極は即ち太極、

『無は有を生ずる』の根源であって、正に神明或いは真如と云うべきものであります。この太極が動いて陰陽の作用を発し・・・・万物万有が太極の一点より生じ、出現したものであることを、示すものであります。」(同94頁) と述べています。

このような親鸞に対する情熱的な言葉は他にも枚挙に暇がないほどで、いずれも、園田氏の宗教的信念と気学の解釈、即ち太極と五黄土星の解釈が結びついている原因になっているのです。

現実(気)だけを問題にし、その現実(気)のエネルギーだけを問題にする気学の壁を越えて、現実(気)の根源まで踏み込むと、それは宗教や哲学になってしまいます。園田氏の五黄土星と太極をめぐる矛盾の原因は、彼自身が自分の宗教的価値観を気学の中で展開しているところにあります。くどいようですが、気学にとって、抽象論は必要ありません。気学の真骨頂は、気と正面から向き合い、それをもとに、徹底して正しい鑑定を行うこと、これに尽きるのです。

元来、現実世界はすべて九種の気から成り立つとする気学にとって、もし、あえて気学の存在論とは?と問われれば、それは「気一元論」というべきものなのです。つまり、人間生活のあらゆる側面で気が作用・影響を与え、その結果として吉凶が生じるのであり、園田氏のように、本心では五黄土星を太極とみなして、それを万物の根源とし、他方で、五黄土星を含めた九種の気を九星とすることは、気学の論と混乱することになるのです。園田氏が力を傾けた「太極」と五黄土星の解釈は、老荘思想的「自然観」や、仏教の影響を強くうけた朱子が構築した論理の影響をうけているのです。とくに朱子において究極の善とされる「太極」論は、彼の理念、道徳哲学であって、現実の物心両面の幸福を求める気学とは無縁なのです。これが「気学は宗教ではない」と、明確に言える理由なのです。「気学は宗教である」という批判に対して、「気学は宗教ではない」と声を大にして反論しても、根拠のない反論では説得力がありません。本稿のような論を経て、はじめて「気学は宗教ではなく、気を活用する実践運命学である」ということができるのです。人間は気の自発的運動によって成り立っている現実の真っ只中に生きており、気学は、この否定できない現実を前提にして成り立っているのです。

以上、何故、五黄土星と五黄殺との区分が曖昧になってしまったのかという五黄土星の解釈の問題点を明確にしてきました。あわせて、九星の気のエネルギーとして、森羅万象に示されている五黄土星の気のエネルギーと九星との関係、さらに、五黄土星回座に向かう五黄殺の恐ろしさも明らかになったことと思います。ここに気学の真髄があるのです。

（了）

第二章　気学論説集

松田 統聖

〔一〕 方位の吉凶と太極

気学において太極の理解は、移転などの方位の原点を定めるものとして、非常に重要です。そのため、気学の心得のある人は、太極の移動について、とても神経質になります。勿論、気学における太極とは、宋代の儒学者である朱子が言うような意味での、万物の根源としての形而上学的な意味、即ち抽象的意味での「太極」ではありません。そうではなく、気学で「太極」と言われるとき、それは実際生活での「太極」であり、本命の「気」で生きている私たち人間、あるいは、その人が寝食を繰り返している自宅の「気のエリア（気の結界）」を太極というのです。ですから、寝食の場所が移動する、つまり、移転、引っ越し以外は、従来はさほど頻繁にはありませんでした。従って、方位の吉凶を判断する太極の移動の有無も気学方位論では、頻繁に問題になることではありませんでした。しかし、現代社会の職場環境（例えば新幹線、航空機などの交通手段の発達、派遣、契約社員の職場形態の激変）や家族環境（例えば核家族化・投資目的の新築）の多様化にともなって、様々なケースがもちこまれ、現代気学が確立された当時（大正・昭和初期）にはなかったような、太極に関わる相談や鑑定が持ち込まれてくるのが現状です。

このように現代社会における鑑定は、気学の原点にもどり、本来の気に基づいて、太極の決め方を判断しなければなりません。

気学でいう太極とは、後天定位盤の中宮の気、即ち生成・変化・消滅を司る気（生々のエネルギー）が展開している「エリア、領域」のことであり、具体的には、人が四十五日の間、一定の場所に連泊することによって、その人にとっての方位を決める原点（太極）が新たにその場所に移動し、従って、吉凶も新たなその場所を原点とした方位で決定するというのが原則です（何故、四十五日以上なのか、という点については、別の機会に譲ります）。移転や長期出張などの場合、吉方位へスムーズに移動できればいいのですが、社会生活の複雑化などのため、なかなか、定石通りにできないケースがふえてきています。

(一) 四十五日以上の連泊ができない場合

移動先での連泊が四十五日に満たない場合、移動先に太極が移ることはありません。この場合、移動することによってうける吉凶方位の強さは、滞在先の宿泊日数の長短によってきまります。滞在先が吉方であった場合は、活性化の気を取り込んでいるので、心配ありませんが、凶方であった場合には、その人の本命の気が損なわれているために、これまで自宅が果たしていた太極としての作用（その人の本命の気を保護する気の環境）をうけとめる力（受容力）が弱くなり、その結果、免疫力が弱くなったり、体調の変化、判断力の鈍化、不定愁訴などが起こります（高齢者や幼児の入院の際、同じ相生方位であっても、退気方位を優先するという習わしがありますが、これも、受容力の大きさを考慮する考えに由来しています）。本命の気が弱くなるため、展開する方位の区分が曖昧になり、祐気取り、病院選びなどのとき、吉凶の方位が境界線の近辺の場合、領域を正確に把握できなくなる（つまり吉凶方位が曖昧になる）ということが生じます。但し、外泊が長くなっても、四十五日以上にならない場合は、方位の原点（太極）は依然として自宅にあると考えることになり、吉方であれば滞在が四十五日以上、以下でも、本命の気を活性化する環境にいたのですから心配ありませんが、凶方であれば、これまで述べたように、自身の本命の気も損なわれて、自宅の太極による気のエネルギーも十分に受けとめられないことになり、御神砂撒きと裕気取りを重ねることが必要となります。但し、赴任先で病気になり、通院をしなければならない場合は、四十五日以内であれば、病院の方位は滞在先ではなく、自宅から吉方の範囲にあれば、心配することはありません。太極も移動していませんから、自宅を原点として御神砂とりをした御神砂を使うことも出来ます。なお、仕事上、長期間にわたって自宅と仕事先での寝泊まりを繰り返す場合は、その頻度、期間などによって対応は異なります。

㈡ 不動産の吉凶方位の判断

不動産（土地、家屋、ビル等）の取得の場合は、年盤による自宅からの方位を主とします。ただし、寝所の移動を伴わない場合、あるいは契約のみなどのケースで、やむを得ない場合は、方災除けの御神砂と月の吉方を選ぶことが必要です。取得した土地に家屋を建てる場合は、自分が住むのであれば、入居時の自宅からの方位が最優先となります。いずれの場合でも、吉方位になるときの行動が最も望ましいのですが、やむを得ない場合は、契約時期、着工の時期などが凶方位になってしまっても、御神砂で対応することになります。自分が住まない（例えば、事務所、支店など）の場合も、吉方でなく、時期を選べない場合は、御神砂で対応することになります。太極の移動を伴う場合の凶方は、吉方になるまで待つか、方替えで対応するのが最善ですが、切迫度によって御神砂、祐気とりによる対応になります。御神砂でどの程度方災を切れるかどうかは、月盤の凶方か年盤での凶方かによって、軽重が異なります。

なお、物置やガレージなど敷地内の配置については、建物の間取り図を作成し、その宅心からの方位で吉凶を判断します。

また、すでに取得済みの土地、しかし、その土地に居住用の家屋を建てず、寝泊まりもしないケースで、手を加える場合（例えば、周囲の柵を設置する、排水溝を設けるなど）は、自宅からの方位で吉凶を決定します。自宅と離れた土地に事務所をもっていて、事務所の敷地内に倉庫などの別棟を建てようとするときの方位の吉凶判断は、事務所に寝泊まりしていないので、太極が移動していませんから、自宅からの吉凶判断になります。

㈢ 支店、支社などの設立・増設の場合の吉凶判断

ゼロからの着手（一店目、あるいは、本社の設立）ならば自宅を原点として、方位と時期を決めます。二店目（例えば、支店・支社）設置の場合、株式会社かどうか、など会社の形式がいずれであっても、オーナーがいる場合は、オーナーの自宅を原点とします。しかし、オーナーがいても、その影響力が希薄、あるいは役員による合議制である場合は、本店、本社に太極があります。

（了）

〔二〕三合五行の論と土局三合

(一) 三合五行の論

三合五行（以下、三合と略す）の論は、気学をはじめ、四柱推命学や算命学など、中国に端を発する運命学における吉凶論を構成するものとして、幅広く浸透していますが、ここでは、気学における三合の論を扱ってみたいと思います。

まず、気学における三合の論の骨子を紹介しますと

	生	→	旺	→	墓
火局三合	寅	→	午	→	戌
木局三合	亥	→	卯	→	未
水局三合	申	→	子	→	辰
金局三合	巳	→	酉	→	丑

となり、十二支それぞれを結ぶ線が、図のように三角形になるように描き、方位の四正の支を旺として、その支を五行に転換して、午は火局の旺、卯は木局の旺、子は水局の旺、酉は金局の旺と表します。旺は、文字通り旺盛という意味で、それぞれの火、木、水、金の各局として区分されますが、エネルギーそのものに五行の区分があるというよりも、旺の気の五行によって、四つのパターンに区分しているということです。しかも、その根底には、三角形の形状からそれぞれ各局を構成する三つの支が方位で揃うと、エネルギーが最も強力になると判断します（御神砂まきの位置の決定に三合を構成する方位に撒くことが原則とされているのも、この理由からです）。

【三合五行の図】

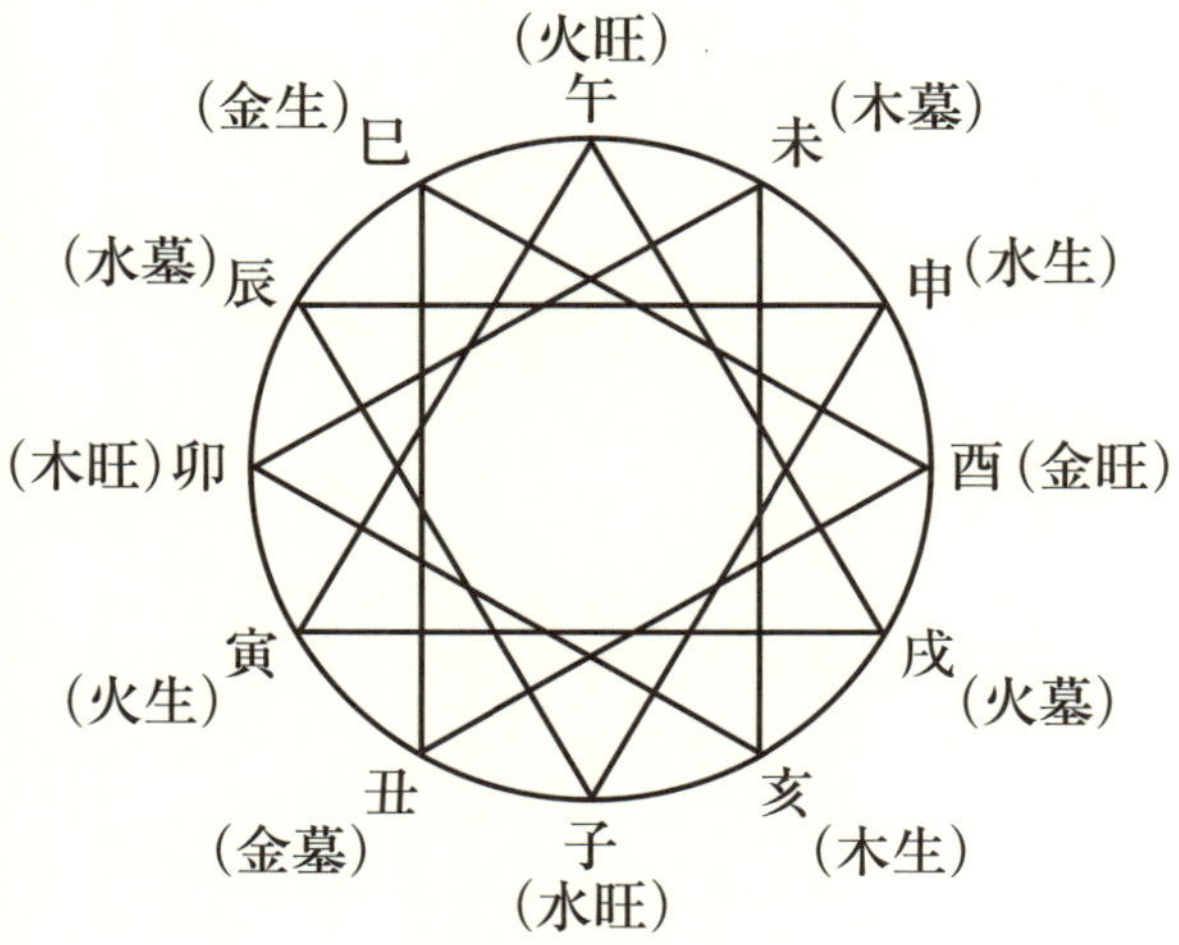

火局三合ですと、火気は寅の方位に生じ、午の方位にて最も強力になり、戌の方位で蔵される。

木局三合ですと、木気は亥の方位に生じ、卯の方位にて最も強力になり、未の方位で蔵される。

水局三合ですと、水気は申の方位に生じ、子の方位にて最も強力になり、辰の方位で蔵される。

金局三合ですと、金気は巳の方位に生じ、酉の方位にて最も強力になり、丑の方位で蔵される。

というように解釈します。

※なお、五行の相生、相剋の理に従えば、金局の三合の場合は、土が介在して成り立っています。

要するに、三合論とは、三支を生・旺・墓という気のサイクルでとらえ、それぞれを火気、木気、水気、金気とあるように五行で区分しています。この三合論の基本は、立春の寅月を始点として円の中で三角形の図を構成するところにあります。図のように、寅を始点として、午、戌を結ぶと三角形ができます。別の機会にいたしますが、三角形は、ピラミッドパワーといわれるように、古来からエネルギーと深い関係があり、しばしば結びつけられています。この三角形の形成をベースにして、十二支がグループ化され、四正（卯、午、酉、子）を局（屈折点で、要、カナメとなる所、すべてが集まる所。例えば、郵便局、電話局など）として、エネルギーが最強になる方位となります。

さて、三合論の解説は、一般的にはこれで終わるのですが、まだ、重要な問題が残されているのです。というのも、図をご覧になればおわかりのように、実は、円、円環というのは回り続けるエンドレスの循環を示しているのです。従って、十二支を表示する場合は円形がわかりやすい、という単純な理由ではないのです。それぞれの三合が戌、未、辰、丑で完結するのであれば、何故、円の中に三角形を図示する必要があるのかということなのです。つまり、残された問題というのは、「墓」から次の「生」へのつながりです。例えば、火気の墓である戌から、木気の生である亥にはどのようにして、つながるのでしょうか?

この仕組みがわからないと、四つの局は、それぞれの墓で完結し、互いに関連を持つことが出来ず、四つが別個に完結するエネルギー論になってしまいます。つまり、円の内側で三角形を構成しながら、四種のエネルギーが循環しない、無意味な三合の論になってしまうのです。

では「墓」と隣り合う別の三合の「生」とは、どのように関係しているのでしょうか? その鍵は、土性（十二支の戌、未、辰、丑の土性）にあるのです。結論を先に言えば、例えば、火局三合（寅、午、戌）の場合、戌の土性が次の支につなぐ役割を担っているのです。

ご承知のとおり、土気は、生と死、そして変化を司る気であり、土用は新しい季節を生み、これまでの季節を「終わらせる（死）」という生死と、それに伴う変化作用がその特徴です。そこで、戌の土気に蔵された火気のエネルギーは、自発的運動で変化・転換する土に蔵されて、戌の隣の十二支である亥（木気）のエネルギーになって、卯の木局三合がスタートするのです。このように墓土（戌）の気によって、火局三合と木局三合とが、連結されるのです。同様に、未の墓土から申の水局三合の生へ、辰の墓土から巳の金局三合の生へ、次々とエネルギーを受け渡していく役割を果たすのが土性の気、即ち土気であり、この役割を「胎気（気を胎す）」と言います。このように、戌、未、丑、辰のいずれの土気も、この胎気（自発的運動で次の支にエネルギーを引き継ぐ気）の作用を秘めているのです。土気の真骨頂は、他から与えられるエネルギーによって作用するのではなく、「自発的運動」であるという点が特徴なのです（この点については、「気学の真髄」―五黄土星と五黄殺―を参照下さい。）。

このように、三合の論は、土気の胎気の作用をまって、

戌（火局三合の墓）↓　亥（木局三合の生）
未（木局三合の墓）↓　申（水局三合の生）
辰（水局三合の墓）↓　巳（金局三合の生）

丑（金局三合の墓）↓　寅（火局三合の生）

と引き渡しができて、はじめて永遠の循環が成立するのです。

これで、三合がどのように相互に接続して永遠に回り続けるのか、また、何故、円と三角形の組み合わせによって表示されるのかがわかりました。

すでに指摘しましたように、三合の論は、御神砂まきの方位決めのほかに、御神砂とり、さらに最強の吉エネルギーが回座する時期と方位を把握する理法となっています。即ち、これらは三合の論によって成り立つ天道方と生気方（以下、天道、生気）が深く関わっているのです。

そこで、次に、三合と天道、生気の関係について論じていきます。

(二) 四正方位と天道・生気

気学では、月盤の天道と生気は、回座している気のエネルギーが最も高くなる方位とされています。気学で、天道あるいは生気の御神砂をいただき、この御神砂の気を本命の気の活性化や祈願の実現に活用している理由もここにあるのです。

そこで、最も強いエネルギーの気をとる御神砂とりの原理、即ち、天道と生気の法則について述べていきます。

まず、寅（生）・午（旺）・戌（墓）の火局三合の場合ですと、火気のエネルギーが最強になるのは、三合の旺（午）ということになります。ということは、寅月（二月）と戌月（十月）は午（南）を集中点、あるいは屈折点とする三合を構成していますから、二月と十月は、午（南）の方位に最強のエネルギーが展開しているということになります。この方位を天道方といい、その対冲を生気方と言って、両方位が祐気とりの（つまり、最強の気のエネルギーを獲得する）方位となります。

亥（生）・卯（旺）・未（墓）の木局三合の場合ですと、木気のエネルギーが最強になるのは、三合の旺（卯）ということになります。ということは、亥月（十一月）と未月（七月）が、旺（卯）を屈折点、集中点とする三合を構成しているということですから、七月と十一月は、卯（東）の方位に最強のエネルギーが展開しているということになります。以下同様に、申・子・辰の水局三合の場合では、水気のエネルギーが最強になるのは、三合の旺（子）ということになり、申月（八月）と辰月（四月）は、子（北）の方位が局、即ち最強のエネルギーが展開している方位ということになります。最後に、巳・酉・丑の金局三合の場合ですと、金気のエネルギーが最強になるのは、三合の旺（酉）ということになり、巳月（五月）と丑月（一月）は、三合を構成していますから、五月と一月は、酉（西）の方位が局、即ち最強のエネルギーが展開しているということになります。

以上を、わかりやすく表にしますと、

	生		旺（天道方位）		墓
火局三合	寅（二月）	→	午（南）	→	戌（十月）
木局三合	亥（十一月）	→	卯（東）	→	未（七月）
水局三合	申（八月）	→	子（北）	→	辰（四月）
金局三合	巳（五月）	→	酉（西）	→	丑（一月）

とまとめることが出来ます。

これで、気のエネルギーが八ヶ月については、東西南北の四正の方位で最強になることがわかりました。

では、ここで、抜けている、四正の月（卯・三月、午・六月、酉・九月、子・十二月）では、どの方位に最強のエネルギーが展開しているのでしょうか？

実は、この方位の決定に、土局三合の論が関わっているのです。

というのも、例えば、卯月（三月）なら、どの方位が天道方になるのか、という問題を解決しなければなりませんが、それには土局三合を理解しなければならないということなのです。

㈢ 土局三合の役割

以下、土局三合について明らかにしていきます。先ほど話しましたように、胎気によって三合の気が永遠に循環するのですが、胎気で繋がれた三合五行の気は、そもそも、どのようにしてスタートできたのか、最初のきっかけは何か、ということです。

いうまでもなく、四季、一年の始めは寅（二月）ですから、ここから火局三合が始まり、土がもつ胎気の力によって、次々とエネルギーのサイクルが引き継がれていくのですが、どのようにして、寅の気が火局三合→木局三合→金局三合→水局三合のすべての循環の端緒（きっかけ）となることができるのでしょうか？というのも、すでに明らかにしてきたように、胎気というのは、前の三合の墓と次の三合の生とを連結し、火・木・金・水の気が、生・旺・墓として、永遠に循環する役割を担っており、寅にエネルギーを引き継ぐのは丑の土気による胎気作用なのですが、丑は金局三合の墓として、エネルギーを寅に引き継ぐだけですから、結局、この解釈では、堂々巡りとなってしまいます。つまり、胎気の論では、円環が連結されて、エンドレスに循環する理屈はわかるのですが、これと端緒（機）とは別なのです。では、胎気によって三合を永遠に巡回させていく運動の最初の端緒（機）をなすのは何か、所謂、自動車でいうセルモーターの役割を果たしているのは何かを明らかにしなければなりません。

その端緒となるのが戌の土気なのです。先に結論を言いますと、午の気が生となって、戌の気が旺となり、この戌の旺気が、寅になるのです。これによってエネルギーが寅に初めて受け渡され、その結果、四季、一年の始めである寅の気は、火局三合の生となることができ、ここから、胎気の理によって、火局三合から木局三合→水局三合→金局三合→火局三合へと、永遠に循環を繰り返す流れに入っていくのです。このように四つの土で行われる胎気の作用とともに、土気を局（最強のエネルギー）とみなして土局三合と考えると、この問題を素直に解くことが出来るのです。

繰り返しますと、四季、一年の始まりである寅を一点として三角形を形成する場合、この寅にエネルギーを与えるのは、午と戌と寅の三点によって形成される三角形の屈折点（局）となる戌（土気）のエネルギーなのです。そして土（戌）にエネルギーを与えるのは、午（火気）のエネルギーということになります。こうして、午（生）・戌（旺）・寅（墓）の土を最強のエネルギー（旺）とする組み合わせが成立します。そして、このように戌（土）が旺となりますから、これを戌の土局三合というのです。

さらに

卯（生）・未（旺）・亥（墓）の土（未）を旺とする未の土局三合

酉（生）・丑（旺）・巳（墓）の土（丑）を旺とする丑の土局三合

子（生）・辰（旺）・申（墓）の土（辰）を旺とする辰の土局三合

が成立するということになります。

このように、四季、一年のスタートである寅をさかのぼっていきますと、戌、そして午へとたどり着き、旺気となるのは戌の方位ということになります。そしてこれを方位とエネルギーとの関係からみますと、即ち三月（卯月）は、未の方位、南西が最強のエネルギーである旺の気が展開する方位ということがわかります。すべての循環の端緒は何か？という疑問は、この午（生）・戌（旺）・寅（墓）の土局三合によって解決できるのです。

以下、これを模範にして、卯、酉、子をそれぞれ生として、エネルギーを生み出す三角形を形成する十二支を結んで、それぞれ三種類の三合も土局三合と見なすことができ、これによって四正の月の天道を割り出すことができるのです。

つまり

三月（卯月）は未の方位（旺・天道）南西の方位に最強のエネルギーが展開する
六月（午月）は戌の方位（旺・天道）西北の方位に最強のエネルギーが展開する
九月（酉月）は丑の方位（旺・天道）北東の方位に最強のエネルギーが展開する
十二月（子月）は辰の方位（旺・天道）東南の方位に最強のエネルギーが展開する

ということになります。

これを月の順に並べ替えて整理しますと、

	生	↓	旺（天道方位）	↓ 墓
木の土局三合	卯（三月）	↓	未・土（南西）	↓ 亥
火の土局三合	午（六月）	↓	戌・土（西北）	↓ 寅
金の土局三合	酉（九月）	↓	丑・土（北東）	↓ 巳
水の土局三合	子（十二月）	↓	辰・土（東南）	↓ 申

となります。

以上で、寅の気に最初のエネルギーを与える役割を果たすのが、戌の気であるという土局三合の論が明らかになるのです。その結果、土気を旺とする土局三合があること、あわせて、卯、午、酉、子のそれぞれの月における、最強のエネルギーが展開する方位（天道、生気）も、それぞれの土局三合の旺から割り出せることがわかりました。

これで、三合五行の論に背後にある土局三合の論が明らかになり、何故、四正の月の天道が、四隅の方位になるのかも明らかになるのです。

従来、土局の三合は、「無い」かのごとく、一切触れられてきませんでしたが、以上で明らかなように、永遠の止まらない循環の仕組みは、胎気の仕組みで、問題がとけたのですが、土局三合を考えなければ、寅が循環の始発点（機）となる理由は解けないのです。この点に

【胎気、土局三合の図】

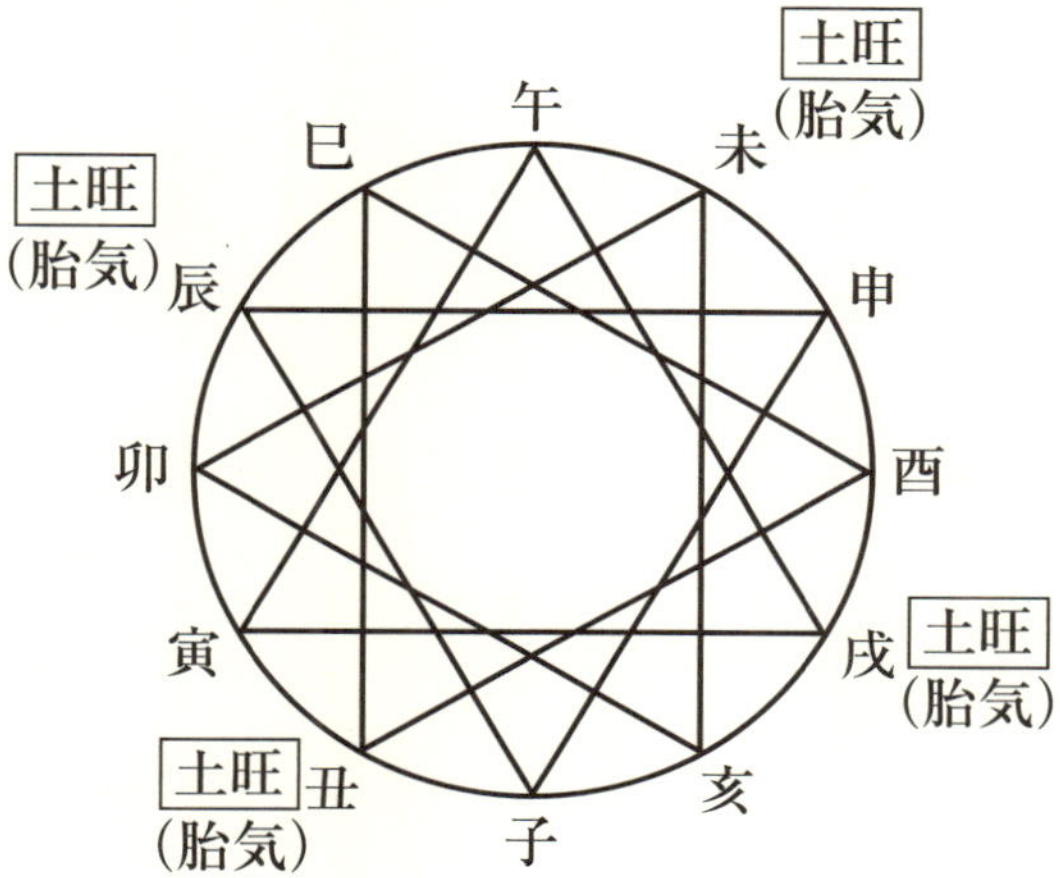

ついては、すでに拙著『九星の秘密』一〇五頁に「即ち天のエネルギーによって暖められた地熱によって植物が芽を吹く立春にあたる寅を・・・」という言葉で、この午の熱エネルギーによって、戌＝土が暖められ、その地熱が寅＝木気に与えられて、ここから森羅万象の現実世界が展開するという仕組みを示唆してあります。つまり、午（火）の熱エネルギーも戌（土）によって、はじめて具体化・具象化できるということになります。

このように、火局三合の生である寅の気の「機（自発的作用）」が、寅・午・戌の土局三合によって説明できるということ、森羅万象は土気を中心に成り立っていることを『九星の秘密』で示唆したのです。

以上、三合五行の論、胎気の論、そして裏三合としての土局三合の論について解説し、あわせて、天道と生気の方位の決まり方を明らかにしてきました。

聖法氣學會が重要な行事として行う御神砂とりは、このようなエネルギー論に基づいて、月日をあわせて、最大級の強さのエネルギーを得ようとする催事なのです。また、天道・生気の大吉方も、従来の三合五行の論の他に土局三合の論がなければ、三月、六月、九月、十二月を含めた十二ヶ月すべての方位を導き出すことができないことも理解できたと思います。

（了）

〔三〕 御神砂の力と使い方

気学にたいする誤解のうち、最も多いのは祐気に関わるものでしょう。気学でいう祐気とりは、「御水とり」「御神砂とり」があります。どちらも、吉方位を選んで行うのですが、「御水とり」は、神社の境内の湧き水を頂いて飲む、自宅に持ち帰って家の周囲にまく、などで使います。御水を頂くのは参拝者には自由ですし、一般化しており、神社の承諾を必要とせずにできますから簡便です。しかし、「御神砂とり」となるとそうはいきません。境内にある御神砂を頂くのですから、事前に宮司様の承諾が必要となりますし、頂く時間に、宮司様による「御神砂（みすな）祓い」も行わなければなりません。神社によっては、気学の知識がないため断られることもあり、長い期間にわたる神社との信頼関係がなければ「御神砂とり」はできません。ですから、巷の気学教室や趣味の会などが主宰する気学教室では、「御神砂とり」を催行することができず、結局、「御神砂とり」にはふれないか、あるいは、「御神砂とり」の無知による批判をして、関心をそらすなどをしています。結果として「御水とり」だけを案内しているのが実情です。しかし、実は「御神水」よりも「御神砂」のほうが、効果が絶大です。

易を真正面から研究して、その知識と鑑定力には定評があった歌丸光四郎氏は、著書『易経精髄』（昭和六十二年　新門出版社刊）の最後に「お砂撒きの秘法」という章を設け次のように言っています。

「明治時代大島中堂という易者が、易に関するたくさんの本を書き残した。大多数が謄写版摺りの本であって、つい最近までは全国の易者は大島中堂の本を虎の巻に使っていたものである。お砂撒きの秘法は大島中堂の祟りとまじないに関する部厚い著書のなかに述べられていたものである。この書物の内容は玉石混淆というよりは、大部分は荒唐無稽のサンプルのようなものであったが、お砂撒きの秘法は数少ない玉の一つで、偉効を奏することについては私にも多数の実験例があるから、実行してみられるとよい。」と評価して推薦しており、その効果についての体験例を次のように書いています。以下、歌丸氏の原文を紹介します。

効験

一、どんなことにも効験がある。「万策つきたらお砂撒き」というのは至言である。
二、例えば病院に通っても薬を飲んでもはかばかしく癒らない慢性病の人は土砂（神社の御神砂のこと・筆者注）を家屋の周囲に撒くばかりでなく、そのなかの少量を・・・布の袋にいれてお守り袋のようにして常時携帯するとよい。
三、ある大企業の工場で事故が多発するといって、工場長が心配して相談にこられたのでお砂撒きをすすめたところ、そのお砂撒きをした工場だけはピタリと事故が起こらなくなったとか、また、ある会社では税務署の税務調査の日にお砂撒きをし、社員全員にお砂のお守り袋を携帯させたところ、異例の速さで簡単に調査が終わり、しかも税務署員が「会社のなかにいる間は息がつまりそうだったが、外へ出てほっとした」と話していた、などという「偉効」についての報告は数えきれないほどある。

と書かれています。

ここで、土砂と書かれていますが、注釈したように、神社の境内の砂のことであり、その使い方やその効果も、聖法氣學會の考え方の通りです。

ただ、歌丸光四郎氏は易占鑑定と易学研究が専門でしたから、御神砂の頂き方や撒き方、使い方については、大筋は間違ってはおりませんが、やや粗雑です。

御神砂を使う、ということについて、「土は汚い」という驚くような批判が時折ありますが、これは、気学や「気」についての知識がないための無知によるものです。御神砂撒きは御神砂を媒体として、御神砂に付着している気（エネルギー）を撒く、あるいは身につけるのであって、土を体内にいれたり、身体にこすりつけたりするのではないのです。「気」については、「気学の真髄」その他で詳しくお話していますから、そちらを参考にして頂ければと思います。ただ、中国で莫大な年月を費やして行われてきた自然の観察に基づいて獲得し、その後、検証と経験を繰り返して引き継がれてきたのが「気」の思想なのです。現代では、まず、ドイツの哲学者が、気の世界観に注目し、さらには、最先端の物理学（素粒子論）などで、その科学性と作用が認められつつあるという点を、是非ご存じいただければと思います。

ここでは、御神砂の使い方についてその概略をお話し、あわせて気学の際だった独自性を解説しておきます。まず、以前、ブームになった「パワースポット巡り」との違いをお話すれば、気学の御神砂とりの特徴がおわかりになると思います。というのも、パワースポット巡りの場合は、神社とか山を対象として、「まず、パワースポットありき」ということで、「だれでも、そのスポットへ行けばパワーがもらえる」というレベルのもので、安易、簡便、お手軽という点で、一種の「縁起担ぎ」の類いでした。これに対して、御神砂とりの原則は、空間（方位）と時間（月日）が、決められており、まず、この点で、手軽、簡便ということができないのです。つまり観光気分のついでに「御神砂とり」をするというレベルではない、ということです。

また、方位のことに触れましたが、月の天道方か生気方の方位の神社が大原則です（但し、年盤、月盤の五黄殺、暗剣殺、破がついているときは、御神砂は頂けません）。

なお、御神砂を人に差し上げるときは、その御神砂を頂いた神社が、差し上げる相手にとっても同じ方位でなければなりません）。また、御神砂の使い方も、先ほどの歌丸氏の経験談よりも、実際には厳密で、「御神砂＝エネルギーの強力な気」を使って、自分を支えている本命の気を活性化することを目的とする場合は、自分の本命の気と相生の気に限り、出来るだけ身近に「置く」、あるいは「持つ」ことになります。また、状況を望む方向に変化させたいケースでは、使う人の本命星に関係なく、望む状況に一致する作用をもつ気の御神砂を、その人の家屋の周囲や部屋の隅に撒く（置く）という方法をとります。

先ほどの歌丸氏の体験談を例にとりますと、

一、の件は、悩んでいる事柄に合う作用・象意の御神砂を撒きます。なお、九紫火星の御神砂も「白黒を明らかにする作用」があるので、大変有効です。

二、の場合は、本人の本命星と相生の御神砂が使われたと判断いたします。

三、の工場の事故多発の件は、六白金星（方災切りと、機械の象意）か、九紫火星の御神砂（方災切り）、あるいは、両方とも使われたと判断いたします。また税務署対策の件は二黒土星の御神砂が撒かれたと判断いたします。

御神砂は、すでにふれたように、使い方が身につける場合と家の周囲に撒く（置く）場合の二通りにわかれます。身につける場合は、その人の本命の気を活性化させるための使い方で、気力、免疫力の維持・強化を目指します。この場合の御神砂は、その人の本命の気と相生の御神砂（気）でなければなりません。もうひとつの使い方は、祈願の達成を目指すときに使います。この場合は、その人の本命星を考慮する必要はなく、達成したい現象の気の御神砂を使い、家の周囲、マンションなら占有エリアの内側、あるいは、その人の部屋の内側に撒いたり、置いたりして、気の結界（気のエリア、あるいは気のネット）を形成します。なお、撒く（置く）場合、周囲一周に撒くときは、いずれか一方を空けて撒き、周囲一周に撒かない場合には、撒く位置（方位）が原則的には定められています。「原則とする方位」というのは、量がかぎられた場合でも、気が有効に作用できる方位を意味しています。原則通りの方位に撒けない場合は、最低四方位（両鬼門を含む）に、撒くことによって気の作用を実現できます。置く場合の量ですが、目安としては、コーヒーカップ半分以上の量でよいでしょう。但し、御神砂撒きは「おまじない」ではありませんから、御神砂の量と鮮度が決め手となります。つまり御神砂は新しければ新しいほど、多ければ多いほど好ましいのは、物の道理です。この御神砂は、身につける場合でも、撒く（置く）場合でも、四十五日間を目安に、新しい御神砂に取り替えます。また、密封して保管しておけば、二年間は使うことができます。

以上、御神砂についてお話ししてきましたが、人間は気がつくる環境、状況に生きており、気学はこの否定できない現実を前提に成り立っているのです。従って、因果関係を無視して、気学の話を進めることはできません。すべての現象は集約すれば、気からなる「心（気持ち＝気を持つ）」の動きから、発するものです。そしてそれらは、状況の気と本命の気との連立方程式のような形で影響し合い、その結果が判断、行動に表れるのです。なお、いま述べたように、現状は過去の判断とそれによる行動（すべての判断は、終局的には心＝気持ち）に由来しますから、方災を犯した（原因）場合、その作用（結果）がはっきりと現象するのは、その人の本命星が、変化線（坤宮・中宮・艮宮）に同会したときが、最も多いと言えます。

いずれにしても、常に相生の御神砂を布団の下におく、身につける、方災切りの御神砂は、相生であれば身につけ、さらに家の出入り口や周囲に置くこと、祈願の御神砂は周囲に撒く（置く）ことが、非常に有効な御神砂の使い方になります。

御神砂のお話もすべてをお話しようとすれば、まだまだ尽きることはありませんが、ひとまずここで筆を擱くことにいたします。

（了）

〔四〕 本命星とは生命力のこと

気学と人間との関わりで、重要なひとつは「本命星」でしょう。本命星は、その人が使う方位の吉凶、運気の強弱、気質、生き様のあらまし、などを鑑定するときの柱になります。そしてこの本命星は別の視点から言えば、それは「気質」にほかなりません。ところで、気質と言えば、同じような言葉である「性格」あるいは「性質」との違いについて、触れておかなければなりません。私たちは、日常生活で「気質」も「性格」や「性質」も特別意識して区別していないのですが、その違いは漠然とわかっています。例えば、「性格」とは、人格の「格」（この場合の格という文字には「ただす」の意味）が使われているように、修行とか修養などの意味を含んだ言葉であるということです。事実、「性格」とは、人が成長する過程で家族関係や社会の影響をうけながらその状況に影響されながら、形成（格す）されていくものなのです。つまり「性格」という言葉には、躾け、学習、家庭環境など、外部からの影響をうけ「生まれつきの気質が、経験や外から撓（たわめ）られつつ形成されていく」という後天的な要因が前提とされているのです。ですから「彼の性格について」というときは、「生まれつき」という意味でいうよりも、その人が積み重ねてきた「人柄」の意味合いが多いのです。これに対して「気質」といえば、「気」と「質」という文字から出来ているように、文字通り「人の気の質（中味）そのもの」をさしているのです。例えば「怒りっぽい気質」といえば、「躾けや学びなどではなかなか変えられない、本人自身もわかっているがなかなか変えることができない、生まれ落ちたときからの気持ちの有り様」という意味で語られます。気学では「人が母親から生まれ落ちるとき、はじめて口や鼻を通じて体内に取り込む（その年の）中宮の気を、その人の本命星という」ところからすれば、「気質」とは、まさしく、気学でいう「本命星」の一面であることがわかるでしょう。人は誕生のとき「その年（世間）」の九星のいずれかの気を吸うのですから、その年の「九星の気」の「質」を生まれながらに備えているのが「その人の本命星」であり、「その人の気質、即ち誕生時に稟（う）けた大気の特徴」なのです。このようにみれば、生育してきた環境の影響などを性格形成の要因とする心理学とは違うことがわかります。

事実、孟子の言葉を集めた『孟子』という書物のなかに、孟子の弟子が「先生がおっしゃる浩然（こうぜん）の気とは何のことですか?」という問いに、孟子が「浩然の気とは天地の間にみなぎっている気のことだ」とズバッと言い切った言葉から、浩然の気とは、「天地の間にみなぎって万物を展開させている生々の気」のことであると、孟子が考えていたことがわかるのです。この「浩然の気」こそ、孟子「性善説」の基本になっているのです。孟子の性善説というのは、一般的には

「人間は本来は善なる性質をもっている」というように解釈されています。しかし「浩然の気」とは「万物を展開させている地上にみなぎっている大気」のことであるという孟子の言葉を考え合わせると、彼が言う「性善」とは、単に「人間は生まれながらに善なる性質をもっている」という狭い道徳的な善悪を述べているのではないということがわかります。「浩然の気」というものが天地の間に充満し、万物をのびのびと成長させる気、即ち、万物の生命力とも言うべき気ということであり、化学でいう物理的な「酸素、窒素、アルゴン等々から構成される空気」の集まりではないのです。即ち、もし、孟子が天地の間にみなぎる「浩然の気」について述べていなかったら、彼の性善説とは、単に「人間の心は本来道徳的に善なるものである」という狭い道徳論になってしまっていたでしょう。但し、ここで「生々の気」と言っても、森羅万象を「生む」という母親が子供を出産するという意味ではなく、「森羅万象を成り立たせるエネルギー」という意味であり、従って生々の気である本命の気は、徐々に衰え（変化し）、年月の経緯とともに減少し、生々の気から成り立っている万物は消滅していくのです。

つまり、変化、消滅もまた、生々の気（エネルギー）の一部であるということを、しっかり理解しておくことなのです。

さて、「性質」の話から孟子の性善説へと話がそれてしまいましたが、孟子の「浩然の気」がこのようなものであるとすれば、気学の「気」と近いものがあるといえるでしょう。この「浩然の気」と同じ立場に立って、「大気の大いなる働き」を運命学にとりこみ、それを極めたのが気学であり、そしてその「気」に法則性を見いだし、それを易に基づいて図式化したものが、先天・後天の定位二盤なのです。

以上のように、気学の大気とは、内は人間の誕生時に肺臓へと体内に入って一生涯その人を支える活力ある気であり、外ではその年、その月の現象を統（す）べる気なのです。ただ、この「気」は、「生命ある万物の細胞や分子の、その先、にあるもの」であり、このため、いまの段階では「気力・気迫」「エネルギー」などと感覚でしか捉えることができません。ですが、私たちは生きている限り、生まれてきたときに稟（う）けた大気を九種の気のいずれかとして、本命星という形で維持しているのです。そして、如何に撓（たわめ）られても変質することなく、命が尽きるまで、その人の気質としてあり続けるのです。このように、気質とは体内の大気（本命星）の証しであり、生命力の証しなのです。私たち気学を志すものは、「本命星」あるいは「気質」というとき、このような重みをもつ言葉であることを、忘れてはならないでしょう。論文『気学の真髄』―五黄土星と五黄殺―の原点もここにあるのです。

（了）

第三章　松田統聖先生に学んで

常任幹事　伊藤　聖優雨

私の人生の中での最大の幸運は、松田統聖会長との出会いです。それは平成十五年五月十一日、千葉県柏市の千葉県民プラザでの講義でした。後述する通りのいきさつで、私は軽い気持ちで受講を決め会場に向かいました。会場には、数人の立派な先生方が脇に五～六名並んで座られておりました。実に重々しく、しかし、どの方も優しい印象でした。後から、その先生方は現副会長である、松田光象先生・現相談役である、小松聖承先生・現顧問である、村松永聖先生・故宮田芳明先生等々であったことがわかりました。

受講生は二〇名程だったでしょうか？実は、正確にいえば、この正式な教室が始まる前、平成十四年十月に、同会場で「気学を知る会」が開かれました。当時、柏市で朝日新聞専売所の所長さんをされていた小松先生が、すばらしい学問、気学を広めようと「アサヒメイト」という印刷物にその時々の随想と共に、毎月の運勢と星別の吉方位、凶方位などを掲載したものを新聞に折込み、購読者に届けてくださっていました。その折り込み紙にある時、「気学を知る会」の案内が載っていたのです。毎回、興味深く読ませていただいていた私は、当然のように出かけて行きました。その時の参加者は、後から現小松聖承相談役にお聞きしてわかりましたが、四十名くらいだったそうです。この最初の会から開講が半年も経ってしまった為、受講者が半減してしまったということを知った時、気学を知るチャンスを逃した人達を気の毒に思いました。

この日も何人かの先生方のお話をお聞きしましたが、あきれたことに、この日にどのような話があったのか、よく覚えておりません。唯一、教室が開講する運びになったら、折り込みのチラシでお知らせしますからご参加くださいと言われたことだけしっかり覚えて帰宅いたしました。たぶん、「勉強してみたい。」と思う内容だったからだと思います。そして半年後、ようやくそのお知らせを目にした私は、また、当然のように会場に向かっておりました。

初めての講義の日、気学を知る会の時と同様、先生方がずらりと並ばれており、壮観でした。これが柏教室のスタイルでした。私の中で、これまで松田統聖会長の登場がありません。知る会でお話しされているのかもしれませんが、その頃会長が一番の若手でいらしたので、ご遠慮されたのか、他の先生方が主に話されたこともあり、申し訳ないのですが、不思議なことに全然覚えておりません。そんな状態で、いよいよ第一回目の授業が始まりました。教えて下さるのは、もちろん松田統聖先生でした。

「気学の起源と歴史」気学の起源は易に発し、易の起源は卜占（ボクセン）に発す。まったく初めての世界、初めて耳にする言葉が次々と聞こえてくる。こんな世界があったのか！まだまだ続きます。気学は方位学、九星、陰陽、十干、十二支、五行、先天定位盤、後天定位盤、五大凶殺などなど。でも違和感がまったくありません。すっと入って来ます。講義される松田統聖先生のその頃のお顔やお姿は、ダークグレイのスーツ以外あまり思い出せないのですが、授業の内容は、しっかり覚えています。毎回、毎回興味をかきたてられることばかりで、次回の授業を早くお聞きしたいと思うようになっておりました。

統聖先生は、いつも休憩時間には、教室を出て行かれ、お姿が見えなくなりましたが、後半も十分な講義ができるよう備えていらしたと後からわかりました。そうこうする内に基礎科の修了証を三枚頂いた時点で、松田先生の応用科が亀有で初めて始まりました。迷わず柏の基礎科と並行して受けることにしました。基礎科はすでに三回、一白水星から九紫火星まで繰り返しお聞きしていたのですが、何度お聞きしても飽きることがなく、松田先生の学問には驚くばかりでした。なにより、私が勉強を飽くことなく続けられたのは、会長の授業の中で、「そんなことあるの?何だか変な話?」、と首をかしげ、疑いたくなるような話がまったくなかったからです。他の運命学の本を読むと、あまりに幼稚で、納得できないようなことを平気で書いている先生方が多く、そのような内容の授業でしたら、とっくに私は気学の勉強をやめていたことでしょう。

特に鑑定に対しては、小手先でさばくような安易な姿勢では判断されません。沈思黙考されます。会長の鑑定は、幅広い、しかも奥深い知識に裏打ちされた高い技法と、元々の鋭い感性の両方をお持ちなので、他の人には決して真似できないハイレベルの鑑定です。その上精神分析学を学び、カウンセリングのご経験もおありですから、その見事さに驚嘆するばかりです。鑑定の場合は特に、その場、その場の思いつきや耳学問的な知識で大切な人の一生を左右してはならないという確固たる信念がおありなので、一件、一件真剣に鑑定されております。会長のこの姿勢が皆様の信頼を集めるのでしょう。

一方、授業に関しても、一貫して「整合性のとれないことは受け入れない、また、授業で話さないこと。」です。ですから、私は一度も会長の授業に不信感を持ったことはなく、納得して理解することができました。会長も、人の歓心をかうには、おもしろい話はいくらでもできるけれど、いたずらに人を驚かせたり、だますような手品のようなことはしてはならない、という信念をお持ちです。私はとても会長のお考えに共感を覚え、良き指導者に恵まれた幸運に感謝しております。

ここでもう一度、私の会の中の歩みに戻らせていただきますが、時が経ち勉強を始め六年目になりました。軽い気持ちで始めた勉強でしたが、会長のご講義があまりにも奥深く、興味が尽きず、その上楽しくて、あっという間の数年間でした。

ウイットに富んで、落語好きで古今亭志ん朝の大ファン。何故か世事や有名人の話題にも詳しく、授業の中でも、クスッとさせる質の高い笑いを提供されます。この笑いを楽しみにされていらっしゃる生徒さんも多いのではないかと思います。その証拠に、学者の風格をお持ちの松田会長を、お茶目と評される方もおります。


ところで、ちょうどこの頃、会史上初めてとなる「講師養成研修」をされるという発表がありました。松田会長だからこその研修です。力不足は重々承知の上で受講させていただく決心をしました。もちろん応用科を継続受講しつつ、並行しての講師研修です。この頃の私は、あるきっかけから五十歳を過ぎてからツアーコンダクターの仕事をしておりました。好きな歴史関係のツアーも担当させていただいて、ハードながら楽しく仕事ができておりました。しかし、思い切って契約更新はせず、一年間真剣に勉強する決心をしてこの講師養成研修一本にかけることにしました。講師研修の一年間は、私の本命星がちょうど巽にあがることも頭の片隅にあり、なぜか思いが叶うような気がしておりました。

当然、研修開始時は、全くどうしようもない私でしたが、一年間、毎日気学関係の本を読み続け、基本的なことが少しづつ分かるようになってまいりました。疑問に思うことは松田先生に質問し、整合性のあることを会得したいと励みました。松田先生は質問に対して、いつでも惜しみなく教えて下さいました。

勉強を続ける中でこんなこともありました。会員の皆様全員がお持ちの「明鑑」に月盤が六頁にわたり載っております。一・四・七の頁、三・六・九の頁、二・五・八の頁とそれぞれありますが、例えば、その一の数字の横に(1.6)四の横に(3.8)七の横に(4.9)の数字があります。私はどうしてこの数字が書いてあるのか、何の意味があるのか不思議に思い知りたいと思いました。松田先生に教えていただこうと思いましたが、どうしても早く知りたくて、その後いろいろな資料を調べたり、本を読んだりしてとうとう分かったのです！勉強はこうして苦労して会得していかなくてはならないものなのだ、ということも同時にわかりました。その後、先生の過去の授業のノートを見直してみると、なんと解答につながることが書いてあるではないですか。でも、自分でつきとめて理解して行く達成感は忘れられないものとなりました。また、「気学明鑑」を読んだり眺めたりしていると、月盤に天道と生気の興味深い法則があったり、遁行のおもしろい順番などの発見があり、あの八角形の盤を見ていると、時間を忘れてしまいます。

さて、予想通り思いっきり恥ずかしい思いをした苦しい講師研修でしたが、修了する頃でしたでしょうか、会長の五黄土星を追及する真剣な姿勢に気づき、気学の学問としての深みを心底感じるようになりました。鑑定は頂点を極めることができるが、学問には頂点がない。「気」についても同様です。あたりまえの凶神の帯同などで、吉凶を判断するのでなく、気の作用を本当に深く探り当て、正当に判断されます。この道のりはさぞやご苦労が多く、険しいものだったのではないかと想像しております。哲学が専門でいらっしゃいますから、思考ということに関してはいうまでもなく得意分野でいらっしゃいますが、聖法氣學會の気学をより理論的に揺るぎないものにしようと、真剣に取り組んでいらっしゃる熱い思いをひしひしと感じております。鋭い嗅覚で「気学の最も大きな未解決の問題は、五黄土星のとらえ方にある」と察知し、長い間、五黄土星を追及していらっしゃいました。このたびの寄稿論文「気学の真髄」はそのすばらしい集大成であると思います。これほど論理的に気学について書かれたり、話される方は、気学界のどこを見渡しても見つけることはできません。まさに松田統聖会長は、聖法氣學會にとって、というより気学界にとっての「宝物」的存在と言えるでしょう。ご自身では、その偉大さを示されることもなく淡々と鑑定と学問としての気学の追及を、それは聖法氣學會の気学の理論の確立の為に研究を続けられていらっしゃるのですが、そのお姿に、心からの尊敬と感謝を捧げます。そのご姿勢は教室の授業においても同じです。ご自身の受け持つ授業に対しての並々ならぬ責任感は大変なものです。生徒の皆様のことをいつも大切に考え、いいかげんな授業はできない、と工夫し、毎回の授業の組み立てを考えていらっしゃるお姿を、教室でアシスタントを務める私は間近でしっかり見ております。これほどまでに、生徒を思って下さる先生に学べる私達は、なんと幸せなことでしょう。平成二十一年十月、松田先生は二冊目の本「気学の基礎」を出版されました。気学の基礎は、現在教室の教科書として使われております。この時、私は校正を仰せつかり、初めて先生のお手伝いをさせて頂き、光栄に思いました。その後も「気学の基礎」、「九星の秘密」の再版の編集をさせて頂きました。

平成二十二年二月、私は「幹事」を拝命し、役員としての仕事をするように成っていました。幹事の仕事をこなす中で、先生ともお話をする機会が多くなりました。

その後、会では平成二十二年八月、松田統聖先生による、鑑定士養成講座が実施されました。三十六名が参加し、終了後に二十数名が資格取得を希望しました。私もその内の一人でした。資格取得を希望した者には一ヶ月以内に資格チャレンジレポートを提出するよう課題が出されました。そのレポートを審査後、十二名に資格取得の為の実際鑑定報告三十件以上を提出せよとの厳しい課題が出されました。約一年後の平成二十三年十二月十五日、鑑定士認定委員会の審査により、最終的に私を含め計四名が正式に「鑑定士」の称号をいただくことができました。一層勉強に励むことを心に誓いました。続いて平成二十四年一月「家相セミナー」終了。

統聖先生が行う研修を全て受けさせていただき、担当させて頂いている教室の授業にも少しづつ自信が持てるようになってまいりました。


平成二十六年二月、私は伊藤聖優雨になりました。「いとうせいゆう」です。それぞれ深い意味のある雅号を中村笙聖氏・松島朋聖氏と共に松田統聖会長から授与されました。これは平成二十四年三月に松田会長はすでに常任幹事から会長になられていたので、私に取っては松田会長名で初めて授与される記念すべき雅号拝受でした。思い返しても感動の、松田会長らしいすばらしいご配慮の数々でした。

京都の高名な書家に依頼して書いていただいた「許　聖優雨　右者雅号許可す」という見る者の背筋をピンとさせるような見事な筆で書かれている雅号許可の書を、木目の立派な横長長方形の額に入れてお渡しくださいました。その額を包む朱鷺色の大判の風呂敷まで日本橋三越に特注されてご用意いただきました。松田会長らしい繊細で気持ちの行き渡った一流のものばかりでした。

また、号記も同じ書家により書かれており、それは見事で、ながめているだけで気持ちが凛となるような、また、心が洗われるような水茎の跡です。

「号　聖優雨　右の者気学を聖法の礎とし、その論を優雨、心に染みいる雨のごとく奥深く流布せんことを願う」と有難い、はなむけのお言葉がしたためられておりました。他にも、それぞれの雅号を入れたパーカーのボールペンを三名にプレゼントしていただきました。

そうして、常任幹事としての役目を、皆様のご助力を頂きながら務めさせて頂いております現在ですが、同時に、会長の数々の論文を落ち着いて読み返し、しっかり理解し、また深く考えたいと思いながら日々を過ごしております。私事で恐縮ですが、少し忙しい期間があり、やむなく勉強する時間がほとんど取れず、焦燥感と共に過ごす日々が続きました。しかし、いま、それはけっして無駄ではなかったと思えるようになりました。それ以上の大切な何かを学ぶことができました。それを糧に、これから一層研鑽を積んでまいります。幸い松田会長からこの本を読んだらどうですか?とお薦め頂いた何冊かの本が積んであります。その読めなかった本を読む楽しみもあり、いまとても心が満たされております。

思えば、松田会長に学んで今年（平成二十九年）で十五年。講師研修で初めて「伊藤さんは、六年も前からいたの？」なんていわれる始末でしたが、私も、お会いした当初から五～六年間の会長のお顔やお姿をはっきりとは思い出せません。しかし、魅力的な授業内容だけはしっかり覚えております。先にも書きましたが、松田会長との出会いによって、私の人生が大きく変わって行きました。会長の理論がバックボーンにあるので、いま私は自信をもって気学を語ることができます。学生時代、教育実習までさせて頂きながら、生家の家業に興味を持ち、教職の道を外れましたが、何十年を経たいま、思いもしなかった気学という学問を学ぶ生徒さんの前に立てるようになりました。すべて、会長との出会いによってもたらされたものです。本命星 九紫火星・月命星 三碧木星を持たれる会長は、その星が示す通り、鋭くシャープな感性と溢れる才能に恵まれていらっしゃいます。併せて、温かい優しいお心をお持ちの松田統聖会長ですが、学問に対する情熱は、十五年前の松田先生のままで変わることはありません。その「松田先生の気学」を多くの人に学んでいただきたいと、私は心より念願しております。教室での一回、一回の授業が大切な宝石箱にしまわれていきます。気学の勉強はゴールがなく、まだまだ果てしなく続きますが精進してまいります。

以上、統聖先生に師事してきた十五年間を振り返りまして先生の素顔をご紹介させて頂きました。

（了）

第Ⅱ部　聖法氣學會の現況

第一章　聖法氣學會　沿革

事務局

昭和三十年　宮田武明先生　気学普及のため聖法氣學會を創立、初代会長に就任
昭和三十三年　第一回の気学教室を開講
昭和三十五年　機関誌『聖法』第一号を創刊
昭和四十六年　機関誌『聖法』を毎月発行
平成八年　宮田武明会長　逝去
（この間、幹事会による会運営）
平成十年　富澤弘象先生　第二代　会長に就任
平成十五年　当会最初のサテライト教室 柏教室開講
（平成二十九年現在七教室三課程）
平成二十年　支部長を任命し、会の組織化を推進する
平成二十年　『九星の秘密』松田統聖著　出版
平成二十年　第一回講師研修　開催
平成二十一年　『気学の基礎』松田統聖著　出版
平成二十二年　第一回 鑑定士研修　開催
平成二十四年　家相セミナー　開催

平成二十四年　松田統聖先生　第三代　会長に就任
富澤弘象先生　名誉会長に就任
平成二十五年　テキスト「運命の見方」松田統聖著　出版
公式ホームページ開設
富澤弘象名誉会長　逝去
宮田芳明 常任幹事（宮田武明先生 ご長男）逝去
平成二十六年　談話室『颪の会』スタート
テキスト「家相の見方」松田統聖著　出版
第二回 講師研修　開催
平成二十七年　『気学の力』（「気学の基礎」改題）出版
『九星の秘密』再版
平成二十八年　聖法氣學會 創立六十周年 事業部 設置
事業部により、『気学の真髄』の出版が決定

第二章　歴代会長の思い出

相談役　小松　聖承

・創立者（初代会長）　宮田武明先生

宮田武明先生は、今では遥かとなる明治四十年二月のお生まれです。三碧木星が本命星で頭の回転がとても早く、相手の生年月日を聞くと、即座に本命星を答えるのが常でした。また、喋り方も「今はこうすべき、問題点はこうすれば解決するよ！」と早口で明快にお答えになり、「もし、そうならなかったらすぐ連絡してね！」とご指導下さいました。お歳に似合わず、甲高いお声でお笑いになり、お話の最中でも熱を帯びてくると、甲高い地声になられたものでした。教室では、鑑定例をお話になることが多く、自分が指導したとおりだった例になると、うれしそうに一層甲高い声が教室中に響いたものでした。

御神砂とりを一泊で催行したとき、夜の懇親会では、アルコールは一切出ないのが通例でした。それは、先生がアルコールを飲まれなかったこともありますが、参加者の大半がご高齢のご婦人であったという事情もありました。しかし、あるとき私が「先生、せっかく一泊するのですから、ビール位飲みましょうよ」と言いましたら、「飲んでもいいよ！」と許可されました。当時は「何でも先生のおっしゃるとおり、ごもっとも」という主義の方々ばかりで、幹事の方々も宮田先生に失礼になるということで、どなたも発声がなかったことが懐かしく思い出されます。

当時は勉強会といっても半分は鑑定例の紹介話で、気学の勉強は生徒の「独学」が中心でした。

ある時、宮田先生の許可を頂き、「アサヒメイトニュース」という、朝日新聞購読者向きの通信誌を発行し、二面に「聖法」を転載していたとき、宮田先生から、突然「吉方を載せないでくれ！」と言われました。私が「先生、吉方は方位学である気学の命で、掲載をやめたら意味がなくなるので」と答えたら、「そうだな！」とお認めになって下さった。懇親会の席での想い出としては、先生が出席者を順々に紹介していくときに、「この方は○○にお住まいで、○○の仕事をなさっています。やっと軌道に乗り始めたところです」あるいは「こちらの方はスゴイ方で、今や大成功され、従業員もみんな一生懸命頑張っております」等々とご紹介することが懇親会を開催する目的のようで、宮田先生の記憶力のよさと、紹介を頂いた方はもちろん、参加者全員が先生に紹介された喜びを共有したものでした。

・第二代会長　富澤弘象先生

当会の創立者であり、初代の会長である宮田武明先生は威厳と鋭さが特徴でしたが、富澤弘象先生は良き理解者であり、勉強熱心な先生でした。とくに、家相鑑定を得意とされて気学の研鑽に常に励んでおられました。富澤先生は、お弟子さんのころから宮田先生のお抱え運転手のように、常に行動を一緒にしておられました。我慢強い方で、人の品定めや批判を一切なさらず、そのため会長のご意思がどうなのか、判断しにくい事もあり、そのような時には「会長は、これこれこのようなお考えですか？」と質問すると、「そうだよ」と答えられました。また、鑑定されている時とくつろいでいるときとは、雰囲気がとても違うので、初めは驚きました。富澤先生がよく言われたことは、

①「そんなことをするといなくなっちゃうよ。」（死んでしまうよ！の意味です）

②「御神砂は思いっきりまきなさい。」（「ケチケチして余らせないように」ということです）

③「よいと思うことは、どんどんやって下さい。」（裏話ですが、おかげさまで、現会長をふくめ当時の役員は、次々と会の改革をすることができました）。

先生が、一番ご苦労されたことは、やはり、創立者の宮田武明先生がご逝去されたあとのことでした。宮田先生も特別に後継者を指名していたわけではなく、実際、一番近いお弟子さんたちの中には、数人の幹事の先生方がいらっしゃいました。しかし、結局、富澤先生が会の屋台骨となり、二年間にわたって集団指導体制を支えてこられました。そして平成十年には、富澤先生が第二代の会長として選出されたのでした。

想い出として残っていることのひとつは、お酒が好きな先生が晩年は控えておられたときのことでした。食事会でお酒をすすめても、一旦は断るのですが、「まあ、一杯だけならいいのでは？」と

お勧めすると、「じゃ、いただこうか」とおっしゃって、杯をお出しになりました。その時の先生の本当にうれしそうな笑顔がとても印象的でした。

先生はお写真でもおわかりのように、目が大きく人間的に深みのある風貌で、普通にされていても、睨みつけられているように感じたものでした。とくに、鑑定結果を伝える時は、正に凄みを感じさせたものでした。しかし、個人としての本人は、実に優しさがあり、「人間」富澤弘象として、魅力的な人物でした。

歴代のお二人の会長とも、会の創立と発展につくされました。このたび、創立六十周年を記念するこの本で、会員皆様にエピソードを披露することは、お二人ともお喜びのことと存じます。また、後を受け継いでおります私どもも、お二人の会長に心からの敬意を表したいと思います。

（了）

第三章　活動紹介

常任幹事　伊藤　聖優雨

(一) 御神砂とり

御神砂とりは、会の要となる大きな行事です。年に三～四回開催しておりますが、昨年、平成二十八年を例に取りますと、猿田神社での六白生気、館山・鶴谷八幡宮での九紫生気、そして十一月には、再び、猿田神社での九紫天道の御神砂とりとなりました。御砂の力を実感している皆様が大いに活用すべく、毎回一〇〇余名の方がご参加され、聖法氣學會らしい折り目正しい作法のもとで行っております。参加者全員が本殿に参列し、宮司様によるお祓い、御祈願をお願いした人、一人一人の住所、氏名、御祈願内容を読み上げる御祈祷、そして会長はじめ役員が玉串奉奠を恭しく行います。お水取りとは異なり、御神砂とりは神社様のご協力を頂かないと行うことが出来ない大掛かりなことです。伝統と信用のある当会だからこそできる行事であり、この先も神社様との関係を大切に結んでまいりたいと願っております。

嬉しいことに、最近若いスタッフの皆様の積極的な働きで、非常に手際よく進めることができております。会としても、対外的な行事でもあり、御砂を袋に詰める、そして発送作業、お札の配布方法等の基本的なことはもちろん、神社様には失礼のないように、また、会員様にとってはいかに段取りよく気持ちの良い御神砂とりをして頂けるかを常に考えております。

今まで参加されたことのない方も、ご自身の運気や免疫力を高める為と念願成就の後押しになる御神砂を頂きに、どうぞ会主催の御神砂とりにご参加ください。毎回、上野駅公園口よりバスをチャーターし、神社に向かいます。役員が常に数名乗車いたします。

昨年（平成二十八年）の八月、館山・鶴谷八幡宮に向かう折には、休憩場所の海ほたるで、海に浮かぶ大きなすばらしい虹に出会い、参加者の皆様と感激して見入りました。また、道の駅でその土地の珍しいものを目にしたり、聞いたりしつつ、楽しみながら目的地に向かいます。バス内では、久しぶりにお会いになった会員さん同士、近況を語り合ったり、お話は尽きないようです。まさに気学で結ばれた皆様です。御神砂とり後の昼食も、神社の神聖な気の中で、引き締めていた気を緩め、開放感と共にいただく昼食は格別です。一方、会主催の神社に方位が合わない方や遠方の皆様には大変ご不便をおかけしていることが課題となっております。御神砂とりについてご不明な点がありましたら、その都度方位の合う神社を調べてご紹介させて頂いておりますので、お手数ですが事務局へお問い合わせくださいますようお願いいたします。

御神砂とり催行一覧（過去六年間）

催行年月日	方位とご神砂の種類	神社名
平成二十三年　三月　二日	南方　三碧木星	鶴谷八幡宮
〃　〃　九月十七日	坤方　七赤金星	来宮神社
〃　〃　十二月十九日	巽方　六白金星	玉前神社
平成二十四年　四月十四日	北方　八白土星	塩原八幡宮
〃　〃　五月二十八日	東方　九紫火星	猿田神社
〃　〃　九月二十三日	坤方　四緑木星	来宮神社
〃　〃　十一月十八日	西方　七赤金星	浅間神社
平成二十五年七月二十七日	西方　八白土星	浅間神社
〃　〃　八月二十四日	北方　一白水星	古峯神社
〃　〃　十一月十六日	東方　九紫火星	猿田神社

催行年月日	方位とご神砂の種類	神社名
平成二十六年　三月三十日	坤方　四緑木星	来宮神社
〃　〃　五月二十一日	東方　三碧木星	猿田神社
〃　〃　八月三十一日	南方　六白金星	鶴谷八幡宮
〃　〃　十一月二十三日	西方　一白水星	浅間神社
平成二十七年四月二十六日	北方　八白土星	太平山神社
〃　〃　九月二十六日	坤方　四緑木星	来宮神社
〃　〃　十月二十四日	北方　二黒土星	二荒山神社
平成二十八年五月二十二日	東方　六白金星	猿田神社
〃　〃　九月　四日	南方　九紫火星	鶴谷八幡宮
〃　〃　十一月二十七日	東方　九紫火星	猿田神社

(二) 教　室

現在、松田統聖会長以下、五名の講師（伊藤聖優雨・中村笙聖・松島朋聖・作道秀樹・岩田智恭）が各教室の担当に当たっております。

松田統聖会長が担当される、八重洲教室は東京駅よりほど近く、基礎科・応用科の二科を開講中です。同じく芸術センターは北千住駅より徒歩六分、スカイツリーを望む九階会議室では総合科の講義がされています。

そんな松田会長のご指導を受けた講師陣は、都内近郊は勿論、仙台、新潟にまで気学教室を展開し、あちこち活躍の場を広げております。

平成二十九年四月現在、七教室三科、受講生一〇五名で、教室は表記の体制です。

多くの皆様に、気学を学ぶ機会があることを願ってやみません。

教室名	科名	講師
八重洲教室	基礎科	松田統聖
武蔵野教室	基礎科	中村笙聖
成田教室	基礎科	作道秀樹
仙台教室	基礎科	伊藤聖優雨
新潟教室	基礎科	中村笙聖
八重洲教室	応用科	松田統聖
城北教室	総合科	松田統聖
成田教室	応用科	伊藤聖優雨
柏教室	応用科	伊藤聖優雨

☆教室所在地

八重洲教室：東京都中央区京橋一丁目十一―二　八重洲ＭＩＤビル
（東京駅八重洲中央口より徒歩六分）

城北教室：東京都足立区千住一―四―一　東京芸術センター九階 会議室
（北千住駅より六分）

武蔵野教室：東京都武蔵野市吉祥寺本町一―二〇―一　吉祥寺シティプラザ二階
（吉祥寺駅より五分）

柏　教　室：千葉県柏市柏の葉四―三―一　さわやかちば県民プラザ
（つくばエクスプレス柏の葉キャンパス駅・ＪR柏駅よりバスにて）

成田教室：千葉県印旛郡栄町安食二一七〇―一　ナリタヤ安食店　会議室二階
（成田線安食駅より歩一〇分）

仙台教室：宮城県仙台市青葉区木町通り一丁目七―三六
（仙台駅よりバス、木町通市民センター前下車0分）

新潟教室：新潟県新潟市東区大形本町三―三―三〇

㈢ 風の会

風の会は、会員の皆様が率先して開催してくださっております。担当講師は、そこへ呼んで頂いて皆様とお会いすることができます。普段ご無沙汰の皆様へ気学の話題を提供したり、会の近況をお伝えしたり、お茶をいただきながらご相談にもお答えするなど、懇親会形式で皆様との交流を持たせて頂いております。参加者の中には、それまでは年に一度の新年会でしかお会いすることができなかったのですが、およそ三ヵ月に一度開催の風の会を毎回楽しみにされ、御神砂とりにも参加するようになった方もいらっしゃいます。

「風の会」は、気学をまだ知らない方との新たな出会いの場でもあります。会場は、公共の施設であったり、会員様のご自宅であったり、人が集まれる広い場所をお持ちの方にご提供をいただいたりとさまざまですが、担当講師は、お声をかけて頂けましたらどこへでも喜んでまいりますので、五名以上集まりましたら教室の講師または事務局へご連絡下さい。元々は、会員の皆様のお役に立つ会でなければならない、という思いで始まった「風の会」です。目的は「会員の皆様のお声をそば近くでお聞きして、気学でお役に立てることをお伝えしたい」です。皆様のお近くでも、風の会をどうぞご計画ください。

参加費は会員 二、〇〇〇円・非会員 二、五〇〇円です。お茶とお菓子は会でご用意いたします。

では、現在、定期的に年三～四回開催している会場をご紹介いたします。

毎月の聖法でも必ずご案内をしておりますので、ご確認のうえ、どうぞお出かけ下さい。

会場名	アクセス	担当
王子 凪の会	北区王子駅前徒歩一分　北とぴあ	中村笙聖
五香 凪の会	新京成五香駅東口徒歩七分　フレンドハウス	伊藤聖優雨
つくば 凪の会	つくばみらい市・矢井田コミュニティセンター	作道秀樹
世田谷 凪の会	世田谷区代沢都営一丁目アパート集会室	伊藤聖優雨
木更津 凪の会	木更津市中里一―二四―一㈲丸吉電気・会議室	作道秀樹
市川 凪の会	市川市宮久保四―十二―三　所願寺	岩田智恭

※講師は、変更や、複数名で担当する場合もあります。

第四章　機関誌「聖法」

幹事　作道　秀樹

㈠「聖法」の歩みとその役割

昭和三十五年、「聖法」第一号を発行し、以来、聖法氣學會と会員を結ぶ定期的な刊行物として重要な役割を果たして来ました。「聖法」では、毎号、気学を生活の中で活用できる実用の学問として捉え、より生活に密着した記事掲載を編集方針としています。

「聖法」発行時から聖法氣學會の創始者であり、初代会長の宮田武明氏が、気学についての様々な思いを綴られていました。その範囲は世の中の出来事から運気の解説まで、縦横な論理と博識を披露したもので、多くの人々の人生の指針となりました。現在は松田統聖会長の指導の下、実用の気学として、毎月の方位の吉凶、御神砂とり推奨日時、九星や運気などについての解説を掲載しています。また、聖法氣學會の重要な行事である、「御神砂とり」の案内や報告も紙面で行われ、教室や風の会のスケジュールなど、「聖法」は会員向けの広報誌であるとともに、正に聖法氣學會の歴史を刻む、記録誌として、現在に至っています。

以下に、「聖法」の発行当初から現在に至るまでの、「聖法のあゆみ」を主な論説（タイトル）と執筆者、及び紙面を掲載いたします。

㈡ 聖法の見方・読み方

① 年盤の見方

方位の吉凶をみる時に重要なことは、まず大凶方位を確認することです。年盤、月盤ともに、誰にとっても悪い大凶方位は、五黄殺、暗剣殺、破の三大凶殺となります。平成二十九年丁酉一白水星年の年盤をみると、誰にとっても大凶方（悪い方位）は、五黄殺がついている南、暗剣殺がついている北、破れがついている東の方位となります。年盤月盤上で五黄殺は五、暗剣殺はア、破はハ（または破）で表示します。三大凶殺は次の通りです。

五黄殺（ごおうさつ）　下図では図の上・南に「五」があり、五黄土星が回座しています。この方位を使うと自滅するといわれています。

暗剣殺（あんけんさつ）　下図の下・北の六の下

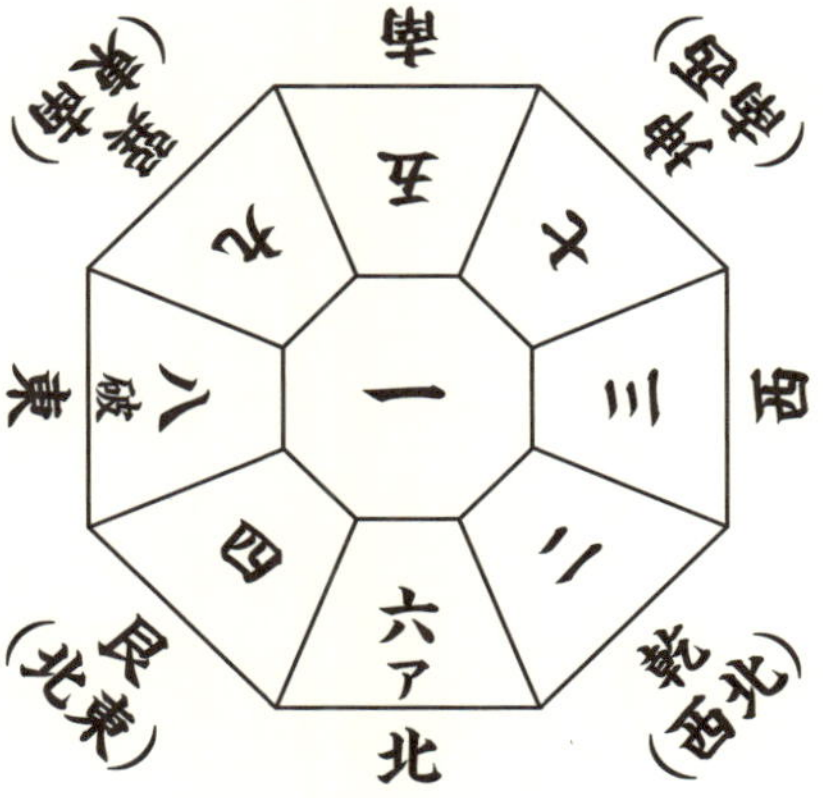

平成二十九年
丁酉 一白水星年年盤

に「ア」があります。五黄土星が回座している方位の向かい側の方位で、他動的に深刻な害を受け破滅するとされます。

破（は・やぶれ）　前図で破（または八）は、その年（あるいは月、日、時刻）の十二支方位の向かい側につきます。平成二十九年は酉年（酉）の反対側に破がつきます。意図したことや健康を損なうとされます。

方位の吉凶をみる時には、自身が図の中央（平成二十九年は一白水星の年、一の場所）に立ち、周囲の八方位をみます。中央の場所から各方位に行くときに、まず、その方位に三大凶殺があるかどうかをみます。南には五があり五黄殺、北にはアがあり暗剣殺、東には破があり、平成二十九年は、東、南、北が三大凶殺となります。年盤では、移転、家の改装、結婚等の吉凶をみます。移転を計画している場合、平成二十九年一白水星年では、東、南、北方位への移転は、三大凶殺にあたるため、これらの方位への移転は避けなければならないということになります。また、家族の中に、本命殺、本命的殺の人がいる場合も同様ですので、慎重な検討が必要です。

② 月盤の見方

平成二十九年三月（卯月）、癸卯七赤金星月の月盤（左図）をみましょう。東に五黄殺、西に暗剣殺と破（卯の月の向かい側）があり、東西の方位が誰にとっても大凶方位となります。月盤と年盤の違いは、月盤には「天道」と「生気」という吉神（良い方位）がついていることです。図では「道」と「生」の表記になります。この方位は誰にとっても大吉方位となります。但し、月盤で大吉方位であっても、年盤で五黄殺、暗剣殺、破がついている方位は大吉方位とはなりませんので、注意が必要です。月盤では、新規の病院、従業員採用、旅行等の吉凶をみます。

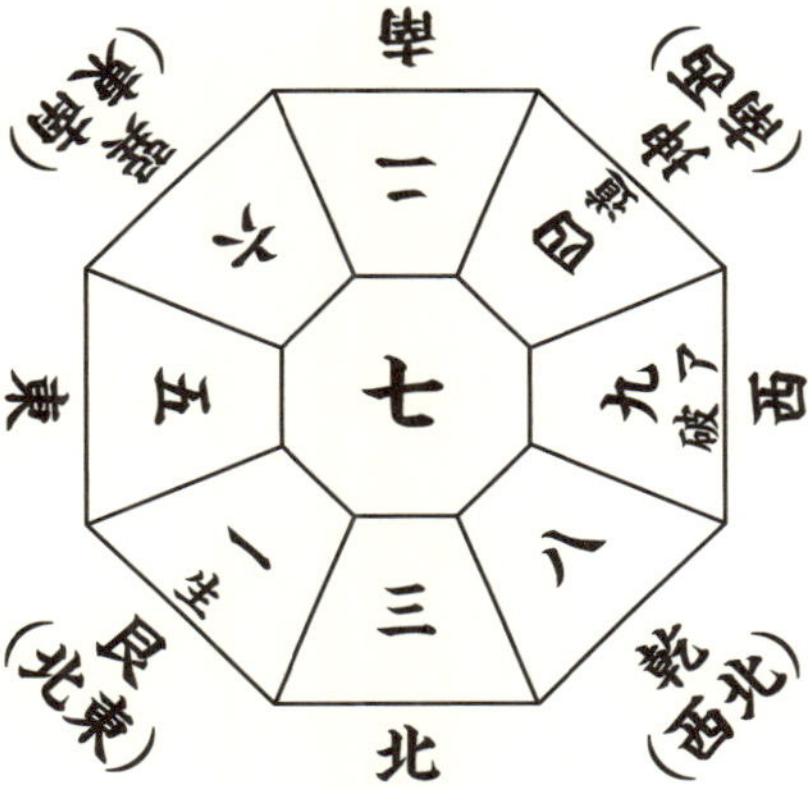

平成二十九年三月
癸卯七赤金星月月盤

③ 方位の見方

方位をみる時は、自身が中央（前の図では一の所）にいて周りの八方位をみます。月盤では、新規の病院、旅行、従業員採用等をみます。年盤と同じく五黄殺、暗剣殺、破がついた方位は大凶方位となります。本命・本命的殺も凶方となります。

移転をする場合は、三大凶殺の方位は避けなければいけません。また、家族の星をみて移転の方位が夫々の本命殺（自分の星と同じ方位に行くこと）、本命的殺（自分の星がある場所と向かい側の星に行くこと）にならないように移転先を選びます。移転時期を選ぶ時は、月盤をみてよい時期に行ないます。月盤でも年盤をみるのと同じく、五黄殺、暗剣殺、破の三大凶殺の方位は避けることが必要です。家族の中に移転する方位が相剋の方がいる場合は、祐気どり、御神砂とりを行い、相生の御神砂をお守りにして身に着けます。相剋だからといって、五大凶殺（五黄殺、暗剣殺、破、本命殺、本命的殺）と同じように考える必要はありません。

④「九星別吉凶方位一覧表」の見方

「九星別吉凶方位一覧表」(「聖法」に毎月掲載)は、九星別に各方位の吉凶を紹介したものです。各記号は次のことを示します。

◎ は大吉方位　何を行うにしてもよい方位
○ は吉方位　よい方位
△ は平　吉凶どちらもなし
▲ は小凶方位　悪い方位ですが、祐気どり、相生の御神砂を持つことで対応できます
◉ は凶方位　できればこの方位にはいかない方がよい。避けられない場合は祐気どり、御神砂を家周りにまいたり、家の中に置きます。相生の御神砂を身に着けます
● は大凶方位　何を行うにも悪い方位

「聖法」に掲載している毎月の吉凶方位一覧表
(平成29年３月の吉凶)

あなたの今月の吉方位・凶方位（3/5〜4/3）

◎：大吉方　○：吉方　△：平
▲：小凶　◉：凶方　●：大凶方

	北東	東	東南	南	南西	西	西北	北
一白水星	◎	●	○	◉	◎	●	▲	△
二黒土星	◎	●	△	◉	◎	●	△	◉
三碧木星	◎	●	▲	◉	◎	●	▲	◉
四緑木星	○	●	▲	◉	○	●	▲	△
五黄土星	◎	●	○	△	◎	●	○	◉
六白金星	◎	●	▲	△	◎	●	▲	◉
七赤金星	○	●	○	△	○	●	○	◉
八白土星	◎	●	▲	△	◎	●	▲	◉
九紫火星	◎	●	◉	△	◎	●	△	△

一白水星の人を例にとってみましょう。

北東は月盤で生気「生」がついて、年盤に三大凶殺が共在しないため　◎大吉方位
東は月盤で五黄殺のため　●大凶方位
東南は月盤で相生、年盤に五大凶殺が共在しないため　○吉方位
南は月盤で相剋、年盤で五黄殺方位のため　◉凶方位
南西は月盤で天道「道」がついて、年盤に三大凶殺が共在しないため　◎大吉方位
西は月盤で暗剣殺、破がついているため　●大凶方位
西北は月盤で相剋、年盤に五大凶殺が共在しないため　▲小凶方位
北は月盤で相生ですが、年盤で暗剣殺のため　△平（吉凶なし）方位

⑤ 御神砂とり推奨日時の決め方

聖法で毎回掲載している「御神砂とりの推奨日時」は、一例として掲載しています。御神砂とりの方位は、月盤に天道・生気がついており、年盤、月盤、日盤、刻盤ともに五黄殺、暗剣殺、破がついていない時に行なうことができます。平成二十九年三月の推奨日時を例にして紹介いたします。

御神砂とりの日時は次のように決めていきます。月盤の天道・生気の方位が御神砂とりの方位となります。

1　日の決め方

・月盤と同じ盤を選ぶ（向かう方位が同じ星になる）

・その日が日破（日の十二支の反対側の方位）になっていない

2　時間の決め方

・月盤と同じ刻盤を選ぶ（向かう方位が同じ星になる）。月盤と同じ刻盤がなければ、月盤で天道・生気がついた方位の星と相生または比和の星がある刻盤を選ぶ

・時刻が刻破（時刻の十二支の向かい側の方位）になっていない

＊時刻は御神砂とりに行く日が陽遁期か陰遁期かを確認のうえ、刻盤表で決めていきます。刻盤表は聖法氣學會発行の「氣學明鑒」を参照します。

平成二十九年三月の御神砂とりの日時の決め方を次の「三月の御神砂とりの推奨日時」で説明します。三月は陽遁期にあたり、日盤が月盤と同じ、五日（卯）、十四日（子）、二十三日（酉）、四月一日（午）が推奨日となります。「氣學明鑒」二十五ページを見ます。三月は七赤金星中宮の月

ですので、十一時～十三時（午の刻）が七赤金星中宮で同じ盤となり、刻破もないため、この時間は御神砂とりができることになります。その前の時間の九時～十一時（巳の刻）は、坤方位（南西）には三碧木星が回座しています。三碧木星は天道方位である四緑木星と相生のため御神砂とりは可となります。一方、艮方位（北東）には九紫火星が回座しており、生気方位の一白水星とは相剋となり、御神砂とりは行えないことになります。

3月節 御神砂とり推奨日時		
七赤金星日	3/5日（卯）、14日（子） 23日（酉）、4/1（午）	
時間／方位	坤方 四緑天道	艮方 一白生気
辰 7時～9時	×	×
巳 9時～11時	○	×
午 11時～13時	○	○
未 13時～15時	×	×
申 15時～17時	×	×
酉 17時～19時	×	○
＊御神砂とりの時間は相生・比和の時間でも効果は同じです		

「祐気どり」と「御神砂とり」

この世に生を享けた時に、誰もがその時の「大気」を身体いっぱい吸い込みます。今年（平成二十九年　一白水星年）生まれる方は一白水星の気（エネルギー）を本命星として享けます。しかしながら、人が成長し生きていくという時間の経過とともに、その気のエネルギーの活性化を低下させていきます。「祐気どり」とは、その衰えていく本命の気を活性化することなのです。

「御神砂とり」とは、祐気どりの方位に行った時に、その祐気を含む土をとる（持ち帰る）ことを指します。そして、持ち帰ったお砂は、ご自身のお守りにしたり、家の周りにまくことや家の中に置くことで、御砂の象意作用を応用して、祈願の実現を促したり、方災を招かないように事前の策を打つ訳です。つまり、御神砂をとり、使うことは、目に見えない祐気を含んだお砂を持ち帰り、その「祐気を実生活に使う」という、極めて実践的な手法であるといえるのです。「御神砂とり」とは、土を介して祐気を運ぶ（持ち帰る）ということなのです。

㈢「聖法」主要論説一覧

昭和三十五年〜昭和四十九年
「聖法」第一号発行
（昭和三十五年方位吉凶解説　支部紹介）
卦象と乾坤六子解説
地図の概念
気学を求める人々へ
気学の意義について
方位は自然科学
相撲と気学
家相と人の思想
吉相の住宅は如何に大切か
高松塚古墳の発掘
気学から見た桃太郎の童話
干支九星とは自然の科学である

昭和五十年〜昭和五十五年
成功は方位　家相の運営也
坤位進出と盛運期の対処
北方と本厄と三災の患難
運勢到来の時と其の覚悟
陰陽両気交代と午の科学
四緑木星の哲理
初年の運勢を晩年へ延長
土剋水は自然科学の現象
三碧木星の特質運勢動向
吉相の家屋と其の発展性

昭和五十六年～昭和六十二年

人は家を造り家は人を造る
南方欠陥と火災の災難
「家相」とは如何なることか
三合の解説
万物の悦ぶは西方吉相也
気学発展のプロセス
天・地・人の解説
家相は人生生活の本源也
六白方位の意義科学性
世界大戦は五黄寅年にあった
運を開く方
家相の本体は人体と同
陰中の陽

平成元年～平成五年

土用の動土
乾位の解説
南方位表裏の理
乾位張りの家相の転換
家相吉凶の活断
最大吉方位
三合旺相の理論
八方位暗剣殺の摂理
四神相応の地相
陰陽思想
開運のための方位

平成六年〜平成十年

傾斜線から観た性格
四神相応の地相
土用中の動土と哲理
吉方位と五行
宮田先生を偲んで
吉方位と五行
家相の予備知識
吉方位の選択
十二支と九星の関係
十干と家相方位
家相の予備知識

平成十一年〜平成十五年

天道・生気　吉方のお砂とりについて
十二支の相生・相剋
傾斜法の理解について
猿田神社と聖法氣學會
気学と現代生活、そしてこれからの発展
気学の効用と努力と大切さ
四季の循環と土用について
九星吉方取りの基本ポイント
家相を無視するは大凶
先天定位盤と後天定位盤
鬼門（表鬼門）について
気学から見た私たちの性格
後天定位盤と三白（一白・六白・八白）

平成十六年～平成二十年

氣學（方位学・家相学）を活用する開運成功法
氣學を生かす五つのポイント
氣學と暦の話
氣學に学ぶ人生のバランス感覚
氣學と十二支について
「五黄土星」という星
三合の解説
氣學と陰陽
二黒土星の生存欲と土星
比和について
三碧木星という星について
八白土星という星

平成二十一年～平成二十五年

陰陽の気と前方後円墳
聖法氣學會の「気学」の正当性について
三合と天道について
「お猿田講」の由来
北方八白生気御神砂とり　塩原八幡宮
松田統聖　会長就任ご挨拶
富澤弘象　会長退任ご挨拶
「統聖のＱ＆Ａ」連載開始
富澤弘象名誉会長　訃報
甲斐国一宮浅間神社 西方七赤生気御神砂とり
御神砂とりについて
後天定位盤と参天両地の解釈
御神砂とりの仕組みと三合の論

平成二十六年～平成二十九年
御神砂のまき方 本命星は生命力 四緑木星について 風の会だより 相生・相剋論について 「気」がつきましたか？ 「気学を知ろう！の会」 日光二荒山神社　北方二黒生気御神砂とり 「あなたの吉凶方位」表の掲載開始 「御神砂とり推奨日時」表の掲載開始 「祐気どり」「御神砂とり」について 平成二十九年　新年の御挨拶と今後の計画について

むすびの言葉

会員の皆様、小誌をお読みいただきまして、ありがとうございました。第Ⅰ部は、やや難解な箇所もあったのではないかと存じますが、現在の気学界が抱えている疑問、曖昧さを明らかにするため、思い切って踏み込んだ内容の論文を掲載致しました。また、第Ⅱ部では、聖法氣學會の沿革、これまでの活動と現況を、写真をご覧いただきながら、紹介させて頂きました。

このほど私共の会が創立六十周年を迎えることが出来ましたのも、会員皆様のご支援の賜にほかなりません。心より感謝申し上げます。

今回の事業を一里塚としまして、今後も、皆様のお役に立てる会としてあり続けるよう、役員一同、さらに一層の努力をして参ります。どうぞ小誌を常にお手元において頂きまして、気学界の王道を歩む当会に、自負と誇りを感じて頂ければ幸いと存じております。

重ねて、会員皆様の益々のご発展と当会へのご支援を祈念いたしまして、むすびの言葉と致します。

最後に、本書の出版にあたり、東洋書院様に一方ならぬご尽力をいただきました。この場をかりて、心から感謝の意を表します。

平成二十九年二月吉日

聖法氣學會　創立六十周年事業部　伊藤　聖優雨

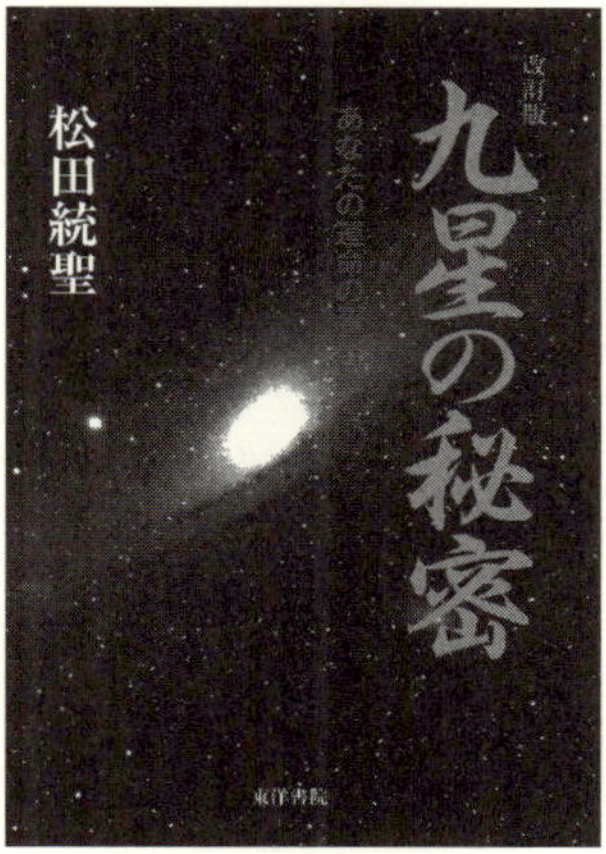

九星の秘密

あなたの運命の羅針盤

2,300 円＋税

松田統聖著　発行 東洋書院

気学の力

吉方位から良い家相まで

2,700 円＋税

松田統聖著　発行 東洋書院

出版物のご紹介

ご注文は事務局または各教室でお受け致します。

家相の見方 秘解

3,500円＋税

松田統聖著　発行 聖法氣學會

運命の見方 秘解

3,000円＋税

松田統聖著　発行 聖法氣學會

気学の真髄

２０１７年４月10日　初版発行

定価──本体３、０００円＋税

編　者──聖法氣學會

発行者──斎藤　勝己

発行所──株式会社東洋書院

〒１６０−０００３　東京都新宿区本塩町21

電　話　０３−３３５３−７５７９

ＦＡＸ　０３−３３５８−７４５８

http://www.toyoshoin.com

印刷所──シナノ印刷株式会社

製本所──株式会社難波製本

ISBN978−4−88594−509−0